003
遇见
1 2 3 4 5

遇见

陈铃铃◎著

台海出版社

图书在版编目（CIP）数据

遇见/陈铃铃著.—北京：台海出版社，
2023.6

ISBN 978-7-5168-3575-3

Ⅰ.①遇… Ⅱ.①陈… Ⅲ.①家庭教育
Ⅳ.①G78

中国国家版本馆CIP数据核字(2023)第098636号

遇见

著　　者：陈铃铃	

出 版 人：蔡　旭　　　　　　　封面设计：异一设计

责任编辑：员晓博

出版发行：台海出版社

地　　址：北京市东城区景山东街20号　　邮政编码：100009

电　　话：010—64041652（发行、邮购）

传　　真：010—84045799（总编室）

网　　址：www.taimeng.org.cn/thcbs/default.htm

E-mail：thcbs@126.com

经　　销：全国各地新华书店

印　　刷：鸿博睿特（天津）印刷科技有限公司

本书如有破损、缺页、装订错误，请与本社联系调换

开　　本：880毫米×1230毫米　　　　1/32

字　　数：120千字　　　　　　　　印　　张：7

版　　次：2023年6月第1版　　　　印　　次：2023年6月第1次印刷

书　　号：ISBN 978-7-5168-3575-3

定　　价：59.00元

自 序

美好的遇见，无尽的力量

因为职业的关系，我接触过各种不同类型的母亲，她们出生于不同的年代，其中不乏和我母亲一样，同是20世纪50年代的人。每个年代的母亲身上都会有时代烙印所带来的不同影响，也有亘古不变的，那份母亲内在独有的力量。于是我萌发了写一本关于母亲力量的书的想法。

古今中外，不少作家都曾写过他们的母亲。小时候，我们在课本上学过一篇文章，是老舍先生写的《我的母亲》。其中有一句话让我印象非常深刻，并产生了共鸣，先生写道："母亲并不识字，她给我的是生命的教育。"

我的母亲也没读过几年书，她跟随着全家人上山下乡，去到一个穷乡僻壤的小山村，度过了她辛苦的青少年时期。虽然母亲有着艰辛的青少年时光，但是当时，她已是尽其所能地给予我的童年许多幸福和快乐，如同老舍先生说的，母亲给了我生命的教育。

回想起来，母亲对我们几个孩子的管教特别严格。尤其是在小学阶段，我们稍一犯错，免不了尝一顿"竹笋炒肉"。后来到了20世纪90年代，母亲开始做生意，忙起来就没什么时间严管我们了。对于我们来说，这反而是那个时期最好的安排。正值青春期的我，要是再接受"竹笋炒肉"式的教育，估计我现在会是另外一个样子。

当时，我不能接受母亲很多管教方式，还曾经跑去舅舅家哭着说母亲对我的种种不好，希望舅舅给我支持，结果得到舅舅一番语重心长的教诲，还有那句"要听妈妈的话"。我觉得我在哪里都不被理解，不被认同，我只想赶紧长大，只想离开家，只想要自由……

我和母亲有着两代人之间的隔阂，只有当我做了妈妈后，才能够理解其中的艰辛与不易。如同世间所有恩与怨的消弭，大抵一边靠忘，一边靠将心比心吧。

幸运的是，2008年，我开始在心理学与生命成长科学领域持续学习和探究，在教育细分领域拿到注册亲子咨询师认证，这些让我更深地理解了母亲对我曾经的教育方式。

其中有一个非常大的醒悟：母亲曾经也是小孩，在她的成长过程中，几乎没受到过正规的教育，哪能苛求母亲当时对我们用对教育方法呢？

后来，在我的课堂中，我为很多妈妈们引导的方向，是理解自己母亲过去的方式，接纳现在作为母亲的自己，我本具足，我们已经力所能及地爱着孩子了……

所以，作为身处这个时代的母亲，要尽可能地减少负向的家庭代际传承，要先于孩子成长而成长，这是一门必修课。然而不论怎样，你成为母亲后，自然而然就会给到孩子生命的教育。你的一言一行、一举一动，都会润物细无声般地影响着孩子。

老舍先生说："母亲特别讲究礼行，好客，待人宽厚。她不怕吃亏，凡是她能做的，对穷朋友们的事有求必应。"在这些朴实的描述中，我们可以看出"生活即教育"的真谛。如同世界著名的教育家蒙特梭利博士曾说的："你与孩子的每一个言行都是教育。"是的，母亲，是孩子的第一任老师；家庭，是孩子的第一所学校。想做好孩子的第一任启蒙老师，真的要学习太多的智慧，才会更有力量让爱经由你，流经孩子的心田。

记得多年前，妇联推荐一个媒体来采访我，其中有一个问题是我的父亲母亲对我的影响，这又给了我一次深度思考的机会，也更加理解"小孝是陪伴、中孝是传承、大孝是超越"的真谛。每一个孝都不是简单的字面理解，而是有更深的句中意，意中意。值得庆幸的是，在我多年国内外的研学成长中，我践行了想要的自由，同时又可以在离父亲母亲最近的地方一起生活，实现小孝的陪伴。

在那次采访后，我再一次地感受到母亲对我的影响：我从她身上学到了做人要有志气、善良、坚强、大方、果敢。而我从父亲的身上则学到了朴实、忠厚、勤俭、包容。我想这些精神就是我可以去传承的最宝贵的财富，并在此基础上超越自我。

"志不立，天下无可成之事。"这是王阳明先生留给我们的智慧。我的母亲没有学过这句话，可她却常对我们兄妹说："做人一定要有志气。"这里的"志气"，我感觉到母亲的意思，是凡事要独立自强，坚持自己的信念，持之以恒地做有意义的事情……母亲还说过："星星有很多，太阳只需要一个……"

我的母亲这是何等的智慧啊！不论她在我成长中用了多少我不

喜欢的方式，就凭"做人要有志气"这番教导，她已然就是我生命中永恒的太阳，激励我坚定地实现自己的理想，勇敢做自己，也能享受自己热爱的事业所带来的幸福感。

妈妈是第一次当妈妈，女儿是第一次当女儿，我们都是第一次做自己。感恩我的父亲母亲，祝福天下所有的父母：安康喜乐有力量！

人生海海，所有的遇见都有意义，感恩出现在我生命里的每一个人，感恩每一份遇见，凡是遇见，皆为美好，都是力量。

陈铃铃

2023年元月于温陵

目 录

01

^
^
^
^

02 >>>>

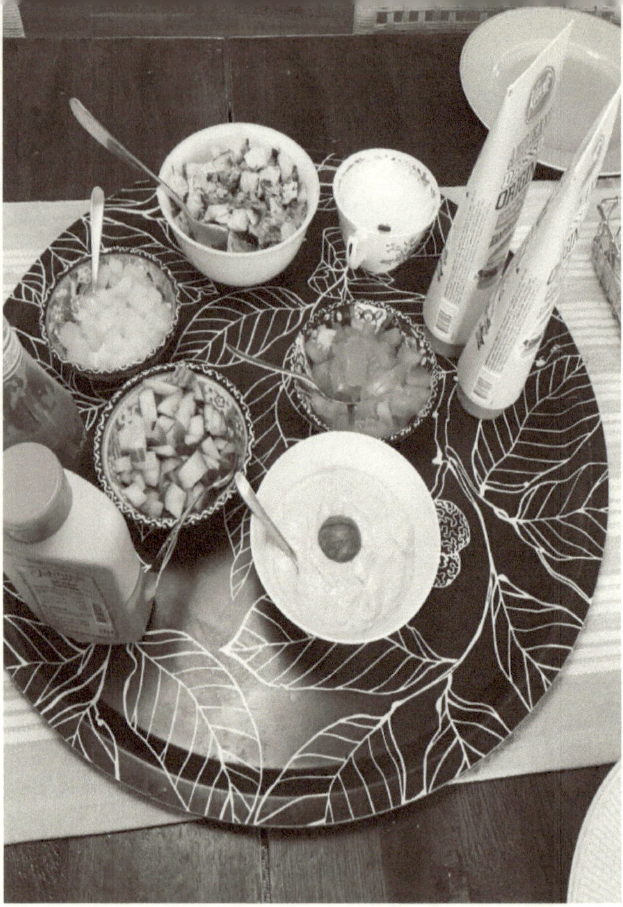

04 ∧∧∧∧

03 ＜＜＜＜

05 ∧
∧
∧
∧

06 〉〉〉〉

01

> > > >

觉知力：

让自己充满爱，才更有能量爱孩子

母爱是一种巨大的火焰。

——罗曼·罗兰

能量：妈妈的力量从哪里来

很多次我在家长讲座里分享了萨提亚的《爱的法则》：

如果你爱我，请你爱我之前先爱你自己，

爱我的同时也爱着你自己，

你若不爱你自己，你便无法来爱我，

这是爱的法则。

因为你不可能给出你没有的东西，

你的爱只能经由你而流向我，

若你是干涸的，

我便不能被你滋养，

若因滋养我而干涸你，

本质上无法成立。

每一次我都能感受到，有好多妈妈的内心深受触动，有的甚至泪光盈盈。

很多妈妈白天工作忙忙碌碌，晚上回到家，几乎是把大部分的时间都给了孩子，本来已经很疲惫了，还要辅导孩子做作业等，于是各种情绪暴走。妈妈的能量在付出中被一点点耗尽，内心的力量又将如何补充？

教育孩子的王道，确实需要执着地栽培自己，而不是执着地栽培孩子。

2005开始，我从学习心理学方面课程入手，开启了长达近20年的国内外教育研学之旅，不断地在教育领域系统学习和参访，先后走进意大利、法国、瑞典、俄罗斯、日本等国家的不同年龄段的学校学习，越学习，想开启家庭教育的心也越坚定。

这些年来，我依照自己的梦想和心灵招兵买马，持续给自己输入资源和能量。当然，这中间也会有很多质疑的声音，也遇到过挫折。当我没有力量的时候，我就会想起我的妈妈，因为在我小时候，妈妈经常对我们兄妹几个说："做人要有志气，做事要坚持。"这颗信念的种子在我很小的时候被播种。每一次在内心或在行动上和妈妈链接后，我便又有了前行的力量。

回想起来，真正影响我一生的人是我的母亲，她内在的刚强和力量，她对我满满的爱，让我在任何时候都可以活出精彩的人生。

妈妈是从镇上嫁到村里的，村周围的邻居都觉得妈妈干活儿肯定不行。在农村，劳动力就是变现力，妈妈当时受了很多委屈，但妈妈就是不服输，在家学着养猪，把猪养得肥肥的，养鸡、养鸭，还在菜地里种地瓜，种蔬菜。那时爸爸农忙之余都会外出去做瓦工，妈妈常常在我们还没醒的时候，喊三奶奶来照看我们。天没亮，她一个人就上山割好猪草，再赶回家把我们几个孩子的饭菜做好，等我们吃完上学后，又下到地里干活。

虽然妈妈在忙着生计，但对我们子女的爱却一点也不含糊。那时农村里家家户户养的"土鸡土鸭"，连带着它们下的鸡蛋、鸭蛋都会拿到镇上去卖掉换钱。可我们家不一样，妈妈总是把这些东西都留着给几个孩子吃，以至我们几个总是被儿时的玩伴羡慕着。

在20世纪80年代的农村，物质还很匮乏，可在我的记忆中，我们不仅吃得很好，还穿得很好看。因为妈妈会把我们三个孩子打扮得漂漂亮亮的，她有一双巧手，给我们织各种花式的毛衣，给我梳各种造型的头发，还给我穿背带裤，给我哥戴帅气的帽子。那时，农村里有一条平坦的公路，我们几个孩子走在路上可洋气了，虽然很多人在背后指指点点妈妈的做法，但妈妈一点也不在意，在她心里，孩子就是用来爱的。

因为妈妈的勤劳和能干，我们家里的经济条件慢慢好起来，家里开始有了收音机、黑白电视机、洗衣机。我们几个孩子通过电视机的内容，更多地了解了这个世界后，便总想出去闯闯。

童年记忆里，能感受到妈妈的力量是那么强大，她总对我们说：女人，就得会"起家""顾家"。什么意思呢？不论我爸赚多赚少，我的妈妈总能把家打理得妥妥帖帖，面面俱到地把几个孩子都照顾到。爸爸生性老实内向，妈妈觉得自己应该起家，有责任带着陈家和孩子们把日子过得更好。

妈妈对待亲戚更是大气、周全，家里来亲戚时，她如大多数朴实善良的农妇一样，总是把很多好吃的、好喝的无保留地拿来招待家里的亲戚们，所以家里亲戚之间往来也非常亲密。妈妈特别爱孩子，也爱身边的孩子。记忆中最深刻的就是小时听邻居说，妈妈在生我哥哥时，隔壁邻居家刚好也生了孩子，那个孩子的母亲没有母乳，妈妈每次总是在喂我哥哥时，也顺带把邻居家的孩子一起喂了。以前听这个故事没有什么特别感觉，等到自己成年了，尤其是自己也当了母亲后，方知这样的行为，在当时各种营养还不能跟上的时期，是非常不容易的。我的母亲得有多大的爱，在哺育自己的孩子的同时，还哺育着别人的孩子。

当然，妈妈也不是完美的。因为妈妈很能干，又要我们有志气，所以她对我们的期待很高，管理也极为严格，尤其是在小学阶段。妈妈脾气比较暴躁，我们只要一犯错，就免不了挨她一顿骂，被打也是家常便饭。

那时，我也会怪妈妈不理解我，内心总是盼望着赶紧长大，好脱离妈妈。然而，随着我年龄的增长以及不断地学习，我真切地感受到，妈妈很多"另类"的爱都是用不同的力量赋能于我，只是在这个过程里，要有机会与勇气去直面内心，当我能够正视自我虚弱的部分后，才会更有力量去面对复杂的现实世界，生命力变得更强，就像水流一样在身上流动。

每个人在一生当中都会有对爱的渴求，归属感是从爱开始的，是从跟妈妈的链接开始的。如果你和妈妈的关系好，那么整个母系家族的力量会支撑你，让你的生命更加圆融，让你有充足的安全感和归属感。

妈妈给我的爱，是我前行路上最大的底气。一想起妈妈，她身上"承载"的能量总是激励我、感染我，让我在遇到挫折和低谷的时候，总觉得妈妈可以，我也行。所以每次在很难、很委屈的时候，我都会大哭一场，哭完了擦干眼泪继续想办法解决问题，后来发现没有什么解决不了的问题。

当我们内心没有力量的时候，和妈妈好好地链接吧，回归到生命的本源，在那里看见爱、感受爱、成为爱。

力量加油站

泰戈尔《用生命影响生命》节选：

把自己活成一道光，

因为你不知道，

谁会借着你的光，

走出了黑暗。

请保持心中的善良，

因为你不知道，

谁会借着你的善良，

走出了绝望。

请保持你心中的信仰，

因为你不知道，

谁会借着你的信仰，

走出了迷茫。

请相信自己的力量,

因为你不知道,

谁会因为相信你,

开始相信了自己。

……

愿我们每个人都能活成一束光,

绽放着所有的美好!

回归：爱自己才能爱别人

　　这么多年，在我与众多家庭、学员展开教育与心理咨询工作的过程中，我帮助他们探索如何穿越痛苦的迷雾，点亮内心的灯塔；如何为内心赋能，再次出发。

　　因为生活中总会有那些艰难的时刻，当面对生活中的重要抉择时，感觉自己被压力、恐惧和疲惫拖拽到最深的谷底；当想要在工作中掌握主动权时，却被信息的洪流裹挟，茫然不知所措；在需要集中心力奋勇前进的重要时刻，又徘徊反复，自我怀疑。

　　到底如何才能好好地爱自己？

　　很多人并不知道如何爱自己，因为书里没有写过，学校也没有教过，再简单的产品都有说明书，但是生活却没有指导手册。于是我们在关系里探索，在各种复杂的情境之中寻找出路。

　　金惟纯在《人生只有一件事》里面说："人生只有一件事，就是活好。把自己活好了，别人才会想跟你在一起，当你足够优秀时，别人就会想成为你。"同样，你活好了，孩子才愿意跟你在一起，感觉跟你在一起很快乐，并且也想成为你的样子。这个时候，你根本什么都不用教，孩子自然就会照着你的样子去做了，这要比你每天对着孩子谆谆教诲或大吼大叫更有实际效果。

到底什么是真正的教育？

孟子早在几千年前就告诉我们了，就是不要对孩子要求太多，跟孩子搞好关系，同时努力活好自己，给孩子做好示范。懂得爱自己的妈妈，会更容易教导孩子学会爱自己。我们越是对自己满意，就越能以身作则，让孩子理解自我的价值。我们越是努力爱自己，我们的孩子就越能学会爱自己。

爱自己是人生的一门大课，过去的我们很少在这门课中获得结果。在关系中努力付出经营，结果却撞得头破血流。我们在"爱别人"上有那么多困扰，是因为我们不懂得爱自己。自己的内心没有足够的爱，也就没有办法让爱流经别人。

了解这一点后，我开始把爱自己当作一门功课，探索自己，学习爱自己。我们首先要了解什么是爱。《内部掌控，外部影响》的作者瓦德瓦说："爱，是自我的扩大。"

具体怎么做呢？还是要从自我出发，从自我上浇灌爱的力量。

第一是保持内心平静的状态。在这个状态下既没有情绪的刺激，也没有琐事的干扰，你能最接近内心，你的思想和感受也最敏锐。

那么，如何保持内心平静呢？在面对压力、安定身心的各种科学方法中，冥想是非常有效的一种。冥想也能更好地提升你的专注力，更好地让你与自己的身体相处，让你在压力下也能够感觉到轻松、自在。

第二是找到榜样。蒙特梭利博士是我的榜样，不管是她在自我的突破上，还是她的教育理念和实践，都指引着我前进，让我感受到一个教育者的胸怀与格局。

第三是发现自己身上的亮点，培养更多的兴趣。每个人身上都有一些闪光点，代表与生俱来的优秀品质，你要做的就是培养和放大它们。这些年我不断成长，迭代自己，学习教育学、心理学、沟通课、演讲课、色彩学、声音学等，甚至在自己的兴趣爱好上不断探索更多，比如学习插花、吉他、非洲鼓等。

当我在这些领域学习并践行时，我慢慢感受到爱自己不是念头，而是结果。

第四是要有导师和盟友，还要学会独处。导师给你提供灵感，他能始终指引你去追求更高的价值。盟友在你身边帮你承担责任、挑战你的思维，还能提供第三方观察视角的观点，特别是能鼓励你。

有个研究说，如果你的婚姻伴侣能看到你的潜能，鼓励你向目标迈进，你实现目标的概率会大大高于那些没有伴侣的人。但如果你的伴侣整天嘲讽你的理想、否定你，你失败的概率也大大不如没有伴侣。你的盟友不局限于你的伴侣，行动起来吧，导师与盟友必不可少。

第五是内省。在我身边有一位令我无比敬佩的老师——意大利蒙特梭利国家工程特派专家艾尔塔。在2017年9月，我的学校意大利（泉州）儿童之家落成，艾尔塔作为蒙特梭利博士直系学生的学生，以及意大利教育部和外交部的特派专家来到泉州，我有幸与她一起工作了一段时间，发现她会随身携带一个小本，用来及时记录相应的信息。

她每天都有写日记的习惯，在晚上睡觉前，会反思一下，当天哪个行为对孩子是不合适的。要知道，艾尔塔已经63岁了，一辈子和孩子在一起，尚且每天内省反思，我想这就是蒙特梭利教育精神。

我们在生活中不断地去内省反思，也必然会关注到身体、情绪和思维的这个层面，不断地优化和改进自己，就会有很多新的发现。经常反思的人，他们的生命质量远远超过那些不反思的人。

最后，分享一个冥想练习：爱自己。

请闭上你的眼睛，将目光转向内心，然后开始想象你看到一颗葵花的种子躺在泥土里，葵花种子会不会提出这样的问题："假如我是一颗玫瑰的种子，我是不是会更积极、更阳光呢？"它会不会努力试图长得跟其他植物的种子一模一样呢？它会不会想要改变自己，好让自己变成其他植物呢？或者，它只是自然而然地成长，努力使自己长成一株向日葵，长成自己本来的样子。

请你接着想象：你就是那颗种子，享受着作为向日葵的快乐。

你面朝阳光，你的根深深地扎入泥土之中，吸取着养分与水。在你的内部就蕴藏着这样一颗种子。所有的一切都已存在，只是你现在可能还看不到这些潜在的东西。

当我们所做的事情能够让自己满意、更喜欢自己时，那就是做对了。通过不断地觉知自己，来修正自己，这就是爱自己的方式。

力量加油站

做自己，你对了，你的世界就对了。当你找到自己时，世界也会找到你。

赋能：做最好的自己，才能无痕迹教养

为了更好地辅助孩子，首先要努力提升自己。这么多年我持续学习，动力之一是源自我在多年前看过的一部电影——《深夜加油站遇见苏格拉底》，也叫《和平战士》，说的是一个备战奥运会的大学体操运动员丹，因遭遇车祸，双脚粉碎性骨折，医生告诉他无缘体操了，这对丹来说是一个巨大的打击。

这时，他的心灵导师，被丹称为"苏格拉底"的老者一针见血地指出丹的恐惧来源，问他："如果你没有入选参加奥运会怎么办?""苏格拉底"般的老者用智慧的方式瓦解了丹原先的生活模式和思维方式，让丹重新获得了新生，打败了恐惧的自己，最终站在了比赛现场，出色地完成了他挑战的三周空翻表演。

"苏格拉底"的话也触及了我的内心深处：我希望你从内心开始，聆听真实的声音，并如实观察外在的信息。这么多年，我一直坚持在家庭领域持续探索，比如蒙特梭利教育、心理学、中华文化、心灵觉知，边学习，边践行。从有念头到付出行动，再到成为现实，我惊喜地感受到梦想成真的显化能力，更享受真实做自己的喜悦。

《道德经》中说"上德不德，是以有德"，意即推崇禀赋的人不刻意修德，所以保存了禀赋。也就是说真正最有德的人，他根本不把做有道德的事情放在心上，做事全凭本心。作为家长，做到什么程度才能称为上德呢？完全忽略掉自己是家长这个身份，我是妈妈，更是自己；我不只是一个家长，我还是一个人。

当我们做自己时，因为我们也有小时候不愉快的经历，就会感受到孩子的感受。所以做家长做到最好的境界，就是忘掉自己作为家长的身份，如果我们以家长这个身份角色化生存，就会发现孩子无论干什么，我们都想干预、想控制。

但是如果我就是一个人，那我就会体会到生命与生命之间的互动。这就是我们跟孩子最高段位的相处方式，这就叫善意。所以这样的人做任何的事情，在别人看来都是有德的，都符合我们最好的感觉。

我们常说"言传不如身教"，身为妈妈，我的责任是做好我自己。我尽量把我自己做好，孩子就会不断去模仿并超越。这么多年，我做过很多场家庭教育讲座，也帮助很多孩子找到了他们的天赋个性，帮助他们做学业规划，我的感觉是大部分孩子，他们的生命被侵入得太多。

生命被侵入得太多，就会使孩子与家长都很乱。一个人把自己做到最好，很不容易。既要克服自己在性格、气质上的挑战，还要照顾到事业、生活、身体、情感等方方面面，那才是做最好的自己。很多人会出现既做不到全心全意地照顾孩子，也没什么事业，这些都不是一个好的示范，因为你的自我没有活出来。

还有家庭关系的序位，爸爸就要像爸爸一样，妈妈就要像妈妈一样。如果在家里面阴阳错位，妈妈很霸道，爸爸很懦弱，那么家庭氛围就会出现缺陷。所以做到上德容易吗？非常不容易。

因此，老子把它叫"自然成功"。也就是在"上德不德，是以有德"的家教环境下，孩子自然很优秀，你在他身上看不到一点点管教的痕迹。没有任何力量，曾经侵透过这个生命，但是这个生命却在这种自然的过程中把自己成长为后浪。

这一代比上一代还要有上德的那个状态，叫作"家传"。有的家庭是有家传的，比如千年名门望族钱氏家族，我们最为熟悉的科学界的"三钱"：钱学森、钱三强、钱伟长，还有文学界的钱锺书，都来自钱氏家族。在他们的身上，足可见家传的强大作用。钱氏家族很多人都是这种"上德不德，是以有德"的状态，所以家族才会像井喷一样出现各种人才，而且这些人才，都不是你想要努力培养就能培养出来的。

无痕迹的教养结果，是自然而然的成功。

"上德不德，是以有德"还有后半句"下德不失德，失礼无德"。下德的人总是纠结，总害怕失去，觉得自己做了好事没人看得见，那自己做这个事情的意义不就没有了吗？所以他们会强调"这事是我做的"，实际上是暗指我是个有德的人。这反而是一种境界不高的表现。

下德的人，他要时时刻刻地让自己的行为不出错，可是上德的爸爸妈妈只要做更好的自己就可以了。孩子某些信念的确立，某些身心的成长是被父母潜移默化影响出来的，这样的父母做起来一点都没有吃力感。

所以上德的人都是自然地做自己，自然而然地做到，但是下德的人就会时时刻刻地觉察自己，活得战战兢兢，无法凭本心做事。我们这一辈子能做到真实地活着，把工作、生活、学习、身体、亲子关系都能照顾到，可能就是上德的状态了。

但是如果你总是害怕自己做错了什么，没有把孩子培养好，这样其实很累。或许在未来，孩子按照你的意愿被教养得很好，但是永远达不到孩子本身自然而然发展的状态。

我们该怎么做呢？接纳孩子原来的样子，让孩子做真实的自己。

谷歌公司会把公司办公环境做成"游乐场"，因为他们的口号是：创造世界上最快乐、最高效的工作场所。所以他们的工作环境不是传统的格子间，而是各种创意的形式，怎么舒服，怎么有助于发挥员工创造力，怎么打造工作环境。

游乐场式的环境都是给好动的员工准备的，因为他们的员工都是思维空前活跃、自由的人，所以谷歌公司不会有很僵化、死板的工作氛围。你一进谷歌公司，就感觉到可以不受规则的束缚，状态很放松。其实只有不受制于规则，才具有创新力。一个人死守规则，工作方式死板，怎么去创新和突破？大部分有创新力的孩子也是那些经常搞破坏的孩子。

长大了叫创新，小时候就叫捣乱。孩子这种状态，很多家长非得要给他定性为缺点，却不知道长大以后反而会成为优点。父母要先接纳孩子本来的样子。有个爸爸跟我说孩子乱放玩具，他受不了，受不了就自己收，可你要是硬让他按照你的规则来，孩子就会反抗。本来孩子只是不收玩具，到最后，孩子愤怒了就会搞破坏。

规规矩矩的孩子，家里也是规规矩矩的，哪里都收拾得干干净净。可是我们通常自己都把东西搞得乱七八糟，还责备孩子不收拾玩具，这个事情是孩子的问题吗？如果想让孩子规则感好一点，我们自己先要做出典范。

父母先规则感好一点，把东西放到该放的地方，把家搞得干净一点，整洁一点，清空不要的东西。你做到了，孩子就不会乱放玩具，也不会再向更加极端化的方向发展了。

自然成长，就是自在一点，让孩子能够把自己的生命看得贵重一点。

哪怕孩子考一个职业学校，未来在一个智能化的工厂里面做一个工人，他也觉得生命弥足珍贵。可如果你就要让他去承担社会责任，孩子也配合你跑到了需要承担社会责任的位置，可他不具备承担这份社会责任的内在使命感，他就不愿意自己的生命以这样的方式存在，他就没有成就感和快乐感。

力量加油站

　　水墨画家林曦在《生命·成长》访谈里谈到自己的看法：单纯的知识积累会加重焦虑，学会用作品的态度观照人生。习惯枯燥，体会门道里面的快乐，人生的一切经历都是可欣赏的，与他人分享快乐是重要的能力。

存在感：让我们的价值观成为孩子内在驱动力

作家安妮宝贝在女儿满两岁的时候，开始恢复工作。她曾写道："有时我在书房独处很长时间，阅读、做笔记、整理资料、写稿子。间或有或长或短的旅行，几乎隔段时间就出发。那几年，因着种种机缘，去了英国、德国、日本、美国、印度、瑞士、意大利、希腊……时常与她分离。

但每到一个国家，我会特意在博物馆或集市或商店里搜集漂亮的当地明信片，带回来之后贴满一面墙壁。有时她午睡之后，我抱着还幼小的她，让她逐幅观赏五彩纷呈的明信片，告诉她，这是佛罗伦萨的古城、纽约的帝国大厦、京都的寺庙、威尼斯的桥……世界很大，世界很美好，等你长大，这一切都在等待你去探索。"

你看，她可以沉浸在自己想要的状态里充满电，带着梦想的能量来激发孩子对世界探索的渴望，特别有力量。让我们不禁感叹，活出自己的样子，真美。可是真实情况是，大多数人遵循着外界的期待，说着同样的话，做着类似的事，持有共同的理念；又或是在一个人的世界里，活成荒原式的人生。问题是我们该如何带着主体性去展开生命，去面对真实世界呢？

这就需要我们面对最核心的问题：你的目的是什么？

目的是你内核操作系统中最重要的结构。无论是个人成长，还是企业建设，都要谈目的。这里我们要说到两个概念，一个是目标，一个是价值观。

目标就是你想做成一件什么具体的事情，比如，我想今年考取一个证书，或者是我想在年底升职。目标有明确的完成和未完成两种状态。如果实现不了，我们就会失望。而目标实现了，我们会寻找下一个目标，这样我们就周而复始地追寻目标。

另外，我们要谈价值观，有了价值观念的导向，目标才会有价值。如果我们价值观不清晰，就会经常把别人的期待当成自己的目标。比如，这一段时间，你渴望挣钱，就把挣钱当成了自己的目标。过一阵子，你希望自己变美，就把变美当成了自己的目标，这样会越来越累。我们要让最重要的价值观像北极星一样存在，让它清晰地指引我们应该在哪条正确的道路上前行。

什么是价值观呢？价值观是内心对各种价值的重要程度进行排序，是我们人生当中的战略系统。而在女性成长当中，最核心的也是我们的战略存在，这样的战略存在不是因为厉害，而是因为别人需要，别人能够持续依赖，真正厉害的人都能清醒地认识到这一点。有一个非常重要的道理："我是谁"和"谁需要我"同样重要。这个战略存在就是我们的价值观。确实，既要自利，又要利他，这个价值观深深烙印在我的教育生涯中。

如果你不清楚你的价值观是什么，那么可以参考心理学家施瓦茨（Schwartz）在62个国家做的有关价值观的跨文化调查，他总结出人类的10个普世价值观，并画出了人类的价值观地图。

这10个价值观分别是：独立自主、精彩刺激、享乐、成就、权利地位、安全、老实听话、保守、友善、博爱。

我们可以挑选一段让自己相对平静和不被打扰的时间，做价值观方面的练习，时间是5分钟左右。先从上面10个价值观中选出对自己最重要的5个，然后在5个中间删除3个，最终在2个价值观中，留下1个。最后留下来的就是你的核心价值观。

删除时，要关注内心的感受，尤其是当你去删除一个个价值观的时候，你内心跳出来的声音是什么，写下你的觉察和感悟。当最后一个价值观出现的时候，仔细去感受它，去思考为什么内心觉得它对你是最重要的，感受这个最重要的价值观存在于你生命里的意义。

科学作家万维钢曾说过，目的是一个以价值观为导向的目标系统。比如价值观是"自利利他"，那么我可以设定的一个目的就是"为社会做出更大贡献"。为了这个目的，可以设定一系列具体的目标，比如"讲100场讲座""参与一项教育项目研究""帮朋友解决一个家庭难题"等。

这个系统最大的好处就是，目的既不可能完全实现，又可以随时实现一部分。"更大贡献"这个目的很难完全实现，所以得持续努力，这样每实现一个目标，你就会有进一寸的欢喜。

目的系统的另一个好处是你可以随时调整其中的目标。在这个什么都不确定的时代，动荡的因素太多，目标不是那么容易实现的，甚至实现目标需要的时间很长。那我们就可以把目标稍做改变，比如，成立自己的品牌课程，让100个人来听，这样就比100场讲座要容易实现。

有了目的，目标既可以扩大，也可以缩小，还可以横向移动。在有目的的价值观下，建立一个个目标，这样就会让人生充满意义。

从家庭育儿的角度来说，与其我们一遍遍督促孩子"你要努力才能上好的高中、才能上好的大学，进而才有好的工作"，不如让我们的价值观成为孩子内在最重要的驱动力，这样的价值观引导我们可以一遍遍地与孩子探讨并确认：

关注孩子想成为一个什么样的人，而不仅仅是考上一所什么样的学校。这是他人生很重要的顶层导向，更是灯塔的指引。当一个孩子从小就非常清晰地知道自己想成为一个什么样的人后，我们可以相信，这个孩子知道经由哪所学校、学什么专业、走怎样的路帮助他达成！而不至于到了大学突然没有方向，又或参加了工作却找不到人生的意义。

力量加油站

生活的理想，就是为了理想的生活。

—— 张闻天

路径：三步走，找到自己的人生罗盘

作为父母，如何找到自己想走的路？如何给孩子做好榜样？我的做法是体验、践行、形成定见三步走，在核心价值观下，实现自己一个又一个目标。

体验：一开始是参加课程、参与活动，研学一段时间后，慢慢地进入更大视野的圈子，义务做点相关的事。这个阶段我也会鼓励我身边的家长朋友们多走出来，希望他们能够感受到更大的世界。

践行：这个时候度过了一开始的新鲜期，我们大概知道喜欢到底是因为一时新鲜，还是因为价值观了。慢慢清晰之后，继续前行。

在践行中，我经常被妈妈的力量所触动，想起在北欧一个家庭里访学的时候，当时带我们参观的，是家里的孩子。孩子穿着正式，他给我们介绍墙上的家庭合照，分别介绍了上面的每一个人：

爷爷、爸爸、妈妈和妹妹。

当孩子介绍家里每一个人的工作时，分明能感受到家族传承的能量，因为家里每一个人的工作都让他有浓浓的自豪感，比如他介绍妈妈："我的妈妈是一位厨师，做的菜超级好吃，妈妈也很漂亮，我觉得妈妈漂亮得就跟明星一样。"的确，他妈妈很时尚，气质不凡。

我正在好奇是什么样的家庭教育，能让孩子从小就有家族的荣誉感。接着他就给我们介绍了挂在墙上的家规。第一次看到家规以这样的形式呈现，我看到了温和又无比坚定的力量，里面的每一句话都触动我的心。

家庭守则：

遵守诺言

分享

先替别人着想

跟对方说我爱你

尊重父母

尽你所能

使用礼貌用语"请"和"谢谢"

总是说实话

对自己微笑

经常拥抱

说善良的话

珍爱彼此

他们不仅是这样说的，也确确实实贯穿在每一天的行动里。我把这份家规带回了我的家里和学校，并带着老师、孩子们一起来拥抱和感受爱的力量。

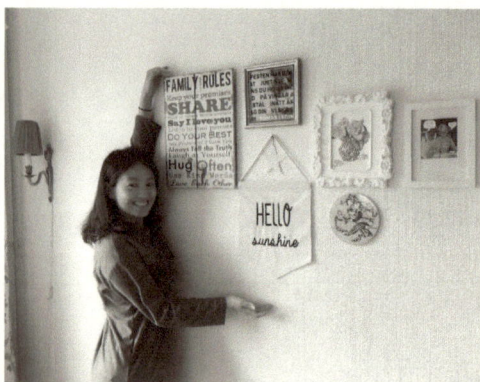

形成定见：在系统地学习了纯正的蒙特梭利教育并践行深耕的这几年，我感受到内心的价值观越来越清晰。蒙特梭利博士说："人类的高贵来自你就是你，而不是别人的复制品。"这句话一直深深地影响着我。我感觉成为自己好像是一个后天"混血"的过程，在我接触不同国家的教育风格时，我把自己调到当地的频率，把当地人的行为模式纳入自己的行为模式中，不断地感知、感受，成为自己。

见的世面多了，就会知道地球的彼端永远有和你截然不同的人、事、物，所以就不会陷在自己的偏见里面，也不再愤世嫉俗，有那么多的争吵。就像自己的水面上升，就不会在乎水底的崎岖不平。

还记得有一次在瑞典的蒙特梭利家庭访学，感受到他们家的孩子很优秀，妈妈安娜更是让我觉得智慧无比。他家有两个男孩，一个六年级，一个四年级。当我第一天到达他们家时，虽然是晚上10点到的，但是一家人非常隆重地站在门口欢迎我们。

第二天清早我意外发现竟不是妈妈在做早饭，而是两个兄弟在做早饭。哥哥负责用明火，弟弟负责从冰箱取牛奶、鸡蛋、面包、果酱等各种食物。过了不久，当我们正准备吃早饭的时候，弟弟突然问我："你需要来一杯热水吗？"我立刻被暖到了，因为瑞典人喝的都是直饮水，他们很少喝热水。

后来我们在交流中，我才知道原来在我来之前，安娜带着兄弟俩就已经把中国人的生活习惯了解清楚了，并且把几天的接待流程打印好贴在冰箱上。所以弟弟知道我们爱喝热水，爱吃热的食物。不得不佩服安娜家庭管理的智慧。

瑞典妈妈不仅把孩子教育得很独立，而且在生活上也非常讲究仪式感。比如当天色有点暗后，我们准备吃晚餐，晚餐呈现出一派美好的景象。前菜是放在橙色盘子里的新鲜半熟豌豆，浇了橄榄油和醋，拌上盐和胡椒。享用前菜时，妈妈点亮了烛台，用餐的氛围感瞬间倍增。正餐是彩椒牛排、土豆烧鸡块、蘸奶酪吃的法棍面包。

吃正餐的时候，妈妈会打开主灯和氛围灯。最后是甜点，搭配的是葡萄和蓝莓。享用甜点时，她又会把灯光调暗一些。每天早晨在兄弟俩人准备的早餐中，我更是惊讶地发现，每天选择的蛋托款式都是不一样的。那个当下，无比诗意。

王小波说："一个人只拥有此生此世是不够的，他还应该拥有诗意的世界。"一顿饭，我们能感受到瑞典一家人以一种欣赏的心态享受美食，专注地吃，慢慢地吃，也很注重氛围的营造，而食物本身就是一种能量，能安抚身体、慰藉心情。

爱，就是好好陪孩子吃每一顿饭。在家人的影响下，孩子学会从容，学会享受当下，这些美食的气味，在未来的日子里，会绕过理性直接涌向感情，我们和食物也会建立某种微妙的关系，从食物中得到的愉悦感更能促进家人之间的关系。

晚饭后，安娜在花园里摘了一束花草放在客厅的角落，看到她装饰的样子，我忍不住说："真好看，你把家里点缀得好美，为什么你会喜欢做这些呢？"安娜说了一句话，至今我都还念念不忘，她说："为什么不呢？每一天都值得我们重视。"

安娜不仅是这样说的，也是这样做的。到下午的时候，她会快速准备孩子的点心，然后换上运动装之后，就开始出去做运动。回家之后，她会带一些不同种类的花草插在花瓶里。在她身边，我觉得日子热烈又美好。这种感觉正如莎士比亚所说：愿你忠于自己，不舍昼夜。（This above all: to thine own self be true, and it must follow, as the night the day, thou canst not then be false to any man.）

在不断践行中，内心越来越踏实，最好的教育就是把自己活

好，用身教的力量去影响孩子，自利才能利他，使得更多人受益，为社会做出更大的贡献，这是我的定见，也是我的目的。

我想把这样的教育观念传递给更多家庭，因此每年为自己定下一个又一个目标，比如在泉州办学校，在全国各地开展家庭教育讲座，大到上千人的会议，小到几十人的沙龙；每年给近千个家庭做个案和教育咨询，得到了注册亲子咨询师认证。我在实践目标的同时，也收到了来自很多家庭的爱的回流，深深被滋养。

当然，这其中也遇到了很多磨难，但我内心平静，就像航海时虽然有风浪，但是心中有罗盘，就不会慌张。

《人生只有一件事》的作者金惟纯在访谈里曾说："一个活得非常好的人，他在过程中不断地修炼，最后变成一块磁铁，我们就想跟你在一起。想跟你在一起就是你有魅力，你有磁力，人家就想靠近你，人想靠近你，钱就跟着人走，也都全部要靠近你。你的孩子也想靠近你。所以我说人生只有一件事，就是把自己活好。你活好以后，你就变成像一块磁铁一样，你不需要天天抓着钱、抓着孩子不放，你不需要抓住任何东西。"

02

> > > > >

Doing:

允许自己做自己，也要允许孩子做孩子

　　有一颗光的种子，种在你里面，你必须用自己去
浇灌它，否则它就会死亡。

　　　　　　　　　　　　　　　　　　——鲁米

赞赏力：重新认识情绪，建立正确的奖励链接

鼓励，绝对是这个世界上的稀缺资源。因为我们天性是会被负面的信息所吸引，鼓励不是天生的，它是一种选择，是一种能力，一种相信明天会更好的选择与能力。

《财富自由之路》的作者李笑来曾说："要成为一个鼓励一切的人的理由很简单，既然自己那么讨厌被别人泼冷水，被别人说风凉话，被别人暗中陷害，自己就无论如何也不应该成为那样的人，不仅如此，还要站在他们的反面成为一个善于鼓励他人的人。"

生活中的我们，也很少用鼓励，更喜欢用招数。有些家长特别喜欢用招数，今天搞一招，明天搞一招，孩子就很混乱。有些家长会用物质来奖励孩子，孩子的大脑就会把奖励的承诺当成快乐的保障，但他们极难从带来满足的事物中找到满足感，幸福度会很低。

我们有位学员家长，给孩子什么东西都很克制。比如跟孩子说不能吃糖，但孩子喜欢，所以她买糖后，把一块糖切成三块。一开始是孩子做了任务，她就奖励三分之一的糖，孩子吃得可怜巴巴，吃了还想要。她特别喜欢用吃的来奖励孩子，孩子要是做得好，就奖励好吃的，到最后，孩子会把吃东西当成美好的事情。为得到好吃的而学习，孩子觉得都是在吃苦。

孩子最早觉得只要自己吃了苦，就能得到奖赏。幼儿园的时候，孩子学舞蹈，后来又学羽毛球，上学又学各种功课，还要写作业，孩子把这所有的过程都当成是吃苦的过程。

吃了苦，就有奖赏，这样得到的是虚假的多巴胺，孩子的多巴胺只是建立在他享受的那一瞬间，那种多巴胺叫快感。当享受的那一瞬间出现的时候，就会刺激大脑产生渴望"我还要"，大脑就告诉孩子享受美食的瞬间是快乐的，所以孩子是为了得到美食而学习。

学习本身对孩子而言是快乐的吗？永远不会，孩子一点体验不到学习的快乐。哪怕孩子考试成绩好，也体验不到快乐。只有妈妈给孩子释放了一下孩子需要的那部分，只是那一个瞬间孩子才体验到快乐，孩子才觉得是对自己过往的所有痛苦的奖赏。

大脑的奖赏就是一把双刃剑，因为多巴胺可以奖励我们去连接某项事物。如果连接错了，孩子对学习本身就没兴趣，那到底什么才是真正的奖励呢？什么才能是让孩子得到真正快乐的东西呢？虚假的奖励就是你做好了，我让你玩一局游戏；你做好了，我给你买你爱吃的东西；你做好了，我给你买你想玩的玩具……

如果多巴胺定位的是这些虚假的奖赏，那么，整个过程的快乐感才是真正的奖赏，孩子的大脑就再也捕捉不到学习的乐趣。

那么，孩子是靠意志力来努力的吗？

不是的，他们是靠折磨自己、虐待自己的方式去努力。这就是为什么很多孩子在这种奖赏系统下，读完书以后把书烧了的原因。他会把书撕了、烧了，他会把那些他做完的习题集都狠狠地踩在脚下，因为那都是让他痛苦的东西。

其实，对孩子真正的奖赏就是正常生活的一日三餐，多陪伴，一起去旅游、去运动。

如果把孩子的奖励换成这些真正的奖赏，他就会热爱生活，学会探索自己，学会爱自己，学会尊重自己的感受，自然也就会热爱自己所从事的事情，慢慢体会到学习本身的乐趣。

我有个朋友的孩子上一年级，有一次期中考试，100分的卷子，语文考了99，数学考了99，英语考了98。我们都觉得他成绩很好，只是孩子的班里一半以上都是满分。但是对于这个孩子来说，跟他之前相比，是好得不得了了，原来他大多数考试就得六七十分，她妈妈很智慧，当时跟孩子说"你只要不是倒数第一，妈妈就会奖励你"。

为什么呢？在学前教育的时候，孩子什么都没有学过，并且上学的时候，他一点都不愿意接受学习，经常哭。他最大的本事就是遇到不舒服的事情就哭，所以他上课就哭，老师也很头疼，于是就打电话把他妈妈叫来了："你家小孩哭好了，再进来，好吧？"

孩子只要哭，他妈妈就抱着他，带着他，在校园里走走，所以他上学的前几天就是这么过的。我们聊天的时候，这位妈妈也很乐观，她告诉我："没事，上学有什么重要的呢？没关系，他觉得上学快乐才重要。"他妈妈没有为了让孩子觉得上学是件快乐的事情，就给他买各种好吃的满足他，因为她知道这些都是虚假的奖赏。

她是怎么做的呢？上学就陪陪孩子，她不进教室，在外面待着，孩子在里面。孩子觉得有妈妈陪伴，很有安全感，他在里面有什么事情，老师会说："来来来，找你妈妈去。"所以孩子也会有一定的自由感，后来孩子就觉得上学也没有什么痛苦。

上学真正的快乐是什么？是被老师奖励的快乐。

妈妈私下拜托老师找找孩子的优点，拜托老师拿放大镜找，不行就拿显微镜找。老师找到了孩子的优点，说孩子朗诵课文很有情感。确实，孩子平时讲话的时候，就带着唱歌的语调。妈妈就拜托老师奖励孩子。

老师就让孩子早读时带大家读书，因此，孩子每天早上第一项任务是站在同学前面，昂着头带大家读书，他读一句，同学们跟着读一句，而且还是跟着他的声调。这种被老师、被全班同学认同的奖励对孩子来说简直无与伦比，老师还鼓励他："看×××读得多好，读得有情感，看×××的声音多好听，读得抑扬顿挫。"

孩子被鼓励后，每天上学都很积极，因为他要去带读课文。当时他也没有别的优势。有一天，他跟妈妈说："我也没有什么本事，只是读书还可以。"妈妈说："已经找到一个优点，就可以了，咱们再找第二个吧，你写字也非常认真。"孩子写得认真，一笔一画地写，写得很慢。为什么他能这么认真呢？因为语文老师要求每个孩子把字写好，他曾被语文老师夸过，就爱上了语文老师，老师讲的话他都听。

他一笔一画地写，写得很慢，所以他就完成不了作业。妈妈跟老师说："他能写多少就写多少，关键是认真。"老师也理解，就同意了。

我们会疑惑这位老师怎么这么好讲话，其实老师的焦虑是家长点燃的，你对老师要求高，他就对孩子要求高。你对老师要求有耐心，他对孩子自然也就有耐心，所以老师每次给孩子布置作业的时候就很特别，说孩子的作业以认真作为标准，完成多少不重要，而且每一次都把他写的字拍照发在班级群，因为孩子真花工夫写，一笔一画写，还按笔顺写，错了一点，就擦掉重写。

可孩子写字慢，考试时孩子经常写不完卷子，经常考六七十分。有一次期中考试，妈妈就跟他说："这次有红包，但是得考上90分才会有。所以你写快一点好不好？"因为孩子见过哥哥拿了两年的红包，他心里面就想着要。但妈妈每年只是在他们学习结束的时候发一次红包，次数很少，他就跟他妈妈说"这次我一定要考好"。

考试时，他写卷子就快了那么一点点，把卷子写完了。考了99分，扣了一分是最后一句话没写。可当妈妈准备给孩子红包时，孩子很认真地跟妈妈说："妈妈，我不要你的红包了。因为你已经奖励我了，你已经抱我亲我，说我是最好的孩子了，所以我不要你的红包了。"

这位妈妈很有智慧，没有把孩子的奖励跟物质频繁联系起来，而是用陪伴、老师的鼓励、拥抱、赞赏的话语去给孩子力量。当孩子的自我还没有形成时，他的大脑一旦被虚假奖励，他的自我和大脑就会混乱，会注重虚假的奖励。

学习本身就可以获得奖赏，那种成就感的奖赏，是可以持续不断的。

力量加油站

我们除了鼓励孩子，也要学会鼓励自己。

每天睡前思考一下，今天自己哪些事情做得非常好，并且夸夸自己，给自己一些鼓励，让自己可以继续保持下去。没有人比你更清楚你所克服的困难，以及你真正付出的努力。所以也没有人比你更适合去鼓励你，安慰你。

高自尊攻略：如何活出高贵的人生

人最高贵的地方，在于做自己。

做自己的前提是需要我们对自己拥有全面的认知，也就是自尊，自尊是一个人对自我的全面评价。你是一个高自尊的人吗？我们做一个小测验：请用10个词来形容自己。

如果你的词汇是"自信、有同理心、勇敢、善良、温柔、坚定、有独立思考能力、爱交朋友、爱学习……"那么，从这么多你给自己的正面词汇来看，你是一个高自尊的人。

如果你的自尊水平很低，那么你对自己的评价可能就是这样的"不自信、不善于社交、不合群、太实在、经常被拒绝、不机灵、不爱表现自己……"我们从一个人的语言体系，就能了解他对自己的评价是高自尊还是低自尊。

可不要小看对自己的评价，因为你对自己的评价不同，会让你走上两条不同的人生道路。自尊水平高的人更容易成功，因为这些人为人处事更加主动，更加乐观，也容易感受到生活中的快乐。而低自尊的人会不断地自我贬低，也会容易怀疑别人，对自己没有自信心，终日活在焦虑、迷茫和恐惧里。

精神分析领域有一对概念叫作"真自我"和"假自我"。

"真自我"的人，自我是围绕着自己的感觉而构建，会尊重自己的感觉，不太会为难自己，对应了我们说的高自尊。

"假自我"的人，自我是围绕别人的感觉而构建，为别人而活，他们对别人的感觉敏感，却对自己的感觉很不敏感。

我们身边很多妈妈一直忙于满足孩子的需求，满足老公的需求，经常会忽略自己的需求。时间都给了别人，很少的时间留给自己，越活，内心的委屈和抱怨就会越多。这样的人很让人心疼。如果一位女性能够为自己而活，那她的生命该多么高贵啊。

很多心理学家都提倡要活出自我，比如说蒙特梭利的"精神胚胎论"，马斯洛的"需求层次理论"，罗杰斯的"成为你自己"，温尼科特的"让你的本能排山倒海般涌出"，其实就是一个人的自我本身，自我就是根本性的力量，成长就是把自我活出来。当我们能彻底听从自己的感觉，就会体验到生命的不可思议。

如何活出生命的高贵呢？

第一，一个人的自尊水平跟童年经历有关

父母受过良好的教育，家庭和谐，没有家庭暴力，有更多陪伴的家庭里长大的孩子容易高自尊；从小被忽视、被侵犯和长期忍受父母争吵冲突的孩子容易低自尊。

很多时候，我都会想起爸爸妈妈对我的爱，因为他们，才让我特别热爱教育这个领域。我的爸爸是一个非常本分的人，他话不多，脚踏实地对待自己的工作，对待家庭也非常用心，每天都为我们做早饭。爸爸很爱我，我家甚至常被说成是重女轻男，我还记得小时候，他最喜欢把我扛在肩上，那个时候坐在爸爸的肩上去看世界，感觉满眼都是幸福。

想到妈妈，我就想起妈妈从小教育我要立志，做人一定要有志气，一定要足够努力，要让自己看得起自己。每当我遇到低谷和自我怀疑的时候，我总会想起爸爸妈妈对我的教育，他们让我对自己无条件的相信，相信自己配得上一切最美好的东西，更敢于追求做自己。

很感恩父母给我了高自尊的土壤，这也是我一生最珍贵的礼物。当然，如果童年父母没有给到我们足够的安全感和价值感，还能改变对自我的看法吗？能。

在《你当像鸟飞往你的山》这本自传体女性书籍中，主人公塔拉就生在无知、病态的原生家庭，爸爸有躁郁症，不让孩子们读书，妈妈软弱不敢吭声，哥哥肖恩常对塔拉家暴，用揪着她的头发摁着她的头塞到马桶里来宣泄情绪。在这样的家庭里，塔拉生活了17年，直到她逃离大山，从未上学的她用教育打开另一个蜕变的世界，成为剑桥大学博士。

她和姐姐同样是女孩，出生在同样的家庭，为什么她敢于逃离，而她的姐姐没有改变。其实，不管原生家庭给你带来多么可怕的负面影响，你都能够用教育彻底改变自己，塑造全新的自我。心理学家阿德勒认为人们的生活方式，完全是自己选择的结果，与其他人及以前发生过的事，都无关。

第二，尊重自己的感觉，不做听话的小白兔

在家庭中，孩子的感受通常会被忽略。常见的如：有一种冷叫爸妈觉得冷，有一种饿叫爸妈觉得饿……我甚至无数次听到很多爸妈说：孩子那么小，懂什么感觉？其实这背后是因为成人自己也不懂自己的感觉，或者说不重视自己的感觉，尤其是妈妈！

在传统家庭中，女性角色总是被要求顺从、听话、隐忍，但如果按照这些词汇角色化生存，女性会活得很累，会丧失自我。

心理学家武志红说，如果只给别人一个建议的话，那就是尊重你的感觉。的确，这是超一流人才都会讲的东西，比如乔布斯会说聆听你的心，而不是你头脑中的信条。当你去聆听自己的感受时，你做事情感受到的都是动力，而如果你去顺从别人，感受到的都是压力。

不要做听话的小白兔，因为只有小白兔才会追着别人要公平，要做能掌控自我的大老虎，大老虎只听从自己的感受，只对自己的感受负责。

可我们往往会破坏自己的感受，比如，当自己做得不太好的时候，会不自觉地批判自己，"哎呀，我又做不好了""我怎么这么差劲""我做的达不到他的要求"。当我们做得不太好的时刻，我们该

如何去反思呢?

我们要告诉自己"哦,原来我是这样的,我对自己的了解又增多了一点"。这不是批判,只是你的一个特点,当你不去做任何批判的时候,就能够真正了解自己。

第三,学会课题分离的大智慧

沃顿商学院教授亚当·格兰特在《重新思考》里面说:"我们要学会重新思考,不是改变想法,而是改变对一种事物的认知。"如果你经常觉得自己想的都不对,总是怀疑自己,总是觉得别人优秀,这肯定不行,你的自我价值又在哪里呢?

我们需要思考清楚的是要对什么自信,对什么谦虚。格兰特把信心分成两个维度:对自己的信心和对自己做这件事使用的工具的信心。这两个维度把我们分成了四种类型,我们来看看下面这张图。

对自己的工具的信心
Belief in Your Tools

	确定 CERTAIN	不确定 UNCERTAIN
不安全 INSECURE	强烈自卑 ObsessiveInferiority	刻意怀疑 Debilitating Doubt
安全 SECURE	盲目自大 BlindArrogance	既自信,又谦虚 ConfidentHumility

对自己的信心
Belief in Yourself

什么是对自己的信心？也就是你相信自己的能力，对自己有安全感。这靠什么来建立呢？要靠我们完成一件件的事情来积累信心，也可以靠我们完成一些挑战性的工作，在高光时刻中建立。比如你要完成工作上的指标又想陪好孩子：

你如果不相信自己，就认定了自己做不好，也没有管理时间精力的方法，就是"强烈自卑"；

你如果不相信自己，也不认同自己正在用的管理时间精力的方式，就是"刻意怀疑"；

你如果相信自己，认为自己用的方式也很棒，就是"盲目自大"；

你如果相信自己，但是怀疑用的方式不一定对自己最好，也想要探索更好的方式，那么你就是"既自信，又谦虚"。

理想的情况是我们相信自己，也保持谦虚的态度，不断探索更好的方法，这样我们在生活中会胆大心细，不断小步迭代来实现更好的目标。要有种"我只是暂时不行，但是没关系，我有时间和耐心，我一定能学会"的精神才好。

能够既自信又谦虚的人，有一个最大的特点，就是敢于承认自己的错误。瑞·达里欧在《原则》里说："如果你没有发现一年前的自己有多么的愚蠢，那就只能说明这一年来你没学到什么。"我们要相信自己，也要觉察自己用的方法，在情绪低谷的时候能鼓励自己，改变方法，就是在践行又自信又谦虚的精神。

在践行的时候，你会发现，敢于承认自己的错误听上去正确无比，但是就是很难践行，因为自恋是人类所有心理和行为背后的基本动力之一，我们总是会忙于证明自己选择正确，而不是忙于证明自己选择错误。

越自恋的人，越难以承认自己的错误。一旦别人说我们错了，我们大脑中的杏仁核就会被激发，就会进入紧张状态，要么战斗，要么逃避。那我们该怎么办呢？

我们要深刻理解"分离"的概念。分离有个心法：

1. 把"对自己的信心"和"对自己拥有的工具的信心"分离。有的时候我们做不好，并不是因为我们不好，而是没用对方法，这时只需要分辨出合适的方法，继续坚持就好，而不是一味地怪自己没做好。

2. 把"过去的你"和"现在的你"分离。过去的你并不代表现在的你，这是不断自我教育后的转变。分离，是让你能以现在的视角来看待自我，甚至以未来的视角来看待自我，能够理解和接纳过去不完美的自己，有错误，愿意重塑新的自我，和过去的自我分离。

3. 把"你的观点"和"你本人"分离。亚马逊的CEO杰夫·贝佐斯曾说过："如果你不经常改变自己的想法，你会犯更多的错误。"如果你一直执着地持有一种观点，那么这种观点会限制你，这就是限制性观点。而限制性观点越多，你看待世界和看待自己的角度和视野就越窄。

人生由几百、几千乃至几万个大大小小的选择构成，等你老了回顾一生的时候，如果你发现最亏待的恰恰是你自己，那你这一生就白活了。尊重内心的感受，去活出自己生命的高贵，就像温尼科特说的那样，世界准备好接纳我的本能排山倒海般涌出。

力量加油站

　　有一颗光的种子，种在你里面，你必须用自己去浇灌它，否则它就会死亡。

——鲁米

放空自己：向孩子学习

作为家长，如果天天都忙得要命，那么一定要停下来问自己几个问题：忙的是什么？忙得有价值吗？对孩子来说什么是最重要的？有的时候我们忙的结果就是下一次忙的对象，我们只是通过现在的忙，造出了下一次忙的理由而已。

我们要经常性地放空自己，在漫长的一生里，不要急着一直埋头赶路，可以适当地停下来休息一下，就好像一场演出一定要留出几个中场休息时间。人性深处，有着我们不能完全理解的东西，我们需要有时间去抚慰心灵，需要留出时间去体会内在的渴求，去化解与消融这种渴求。

只有放松下来，我们才不会卡在头脑里，我们需要放空自己，让信息和感受进来，然后才启动思考程序。放空自己，从思考的层面退回到信息和感受的层面。走在路上，去观察树叶、泥土、麻雀，去听吆喝声、聊天声，去感受微风、路人的表情、步伐……你这样去做，会感觉到很舒服、放松，很多选项会蹦出来，很多直觉会逐渐出现，很多决定会越来越明确。

怎样放空自己？我们给出三个建议：

1. 断舍离

无印良品的设计总监原研哉，亲手定下了"空白、虚无"的基调，产品只用朴素的圆润造型，颜色以黑白和原木色为主，他把这个风格称为虚空的容器：你看，一张桌子上摆满了东西，其实是把可能性给堵死了，而只在大桌子的中间摆一个小件，或者干脆什么都不放，才能显出富有和自由的状态。这也是很多这种风格的家装，东西少却显得品位很高的原因。

这种断舍离，和放空的观念相通。在《断舍离》里，作者说"断舍离"不是"抛弃"，而是"出"，不是做减法，而是尽可能地压缩减法的运算。除了在物质层面上断舍离，也需要在精神层面上断舍离，比如自我否定，自我怀疑。只有我们去跟过去的自我分离，才能真正地解放自己，放空自己，看到问题的本质。

人有获得的自由，也有放手的自由。断舍离，可以从简单的物品入手，从小地方获得小成功，不断累加就会给我们勇气和信心去面对自我的负面看法。

通过取舍认识自己，了解自己，获得对自我的肯定。

2. 承认自己的无知

在古代雅典城外的一座山上，有个德尔斐神庙，神庙里供奉着太阳神阿波罗，相传那里的神谕最灵验。苏格拉底的学生海勒丰有一次跑到神庙里，他问："世上有没有比苏格拉底更聪明的人？"神谕说："没有。"海勒丰回来后，就把这话告诉了苏格拉底。

如果我们是苏格拉底，一定会欣喜若狂。可苏格拉底说："不会吧，我觉得自己毫无智慧，但神不会说谎啊，这到底是怎么一回事呢？会不会是神搞错了？"他想了个办法，要去亲身印证一下，看神谕到底对不对。

苏格拉底的过人之处就是保持怀疑，他连神谕都敢不相信。苏格拉底想知道神谕到底是不是对的。他先去找了一位以智慧著称的政治家，跟他交谈之后，发现此人是个草包。他又去找了最优秀的诗人、手工艺人，发现他们都一个德行，都是自己觉得自己出类拔萃，因为有一技之长而沾沾自喜，个个以为一切全通。

最终，苏格拉底想明白了，神谕是对的。他说，跟别人相比，我也是一无所知，但我和他们不一样的地方是，别人不知道自己无知，而我知道自己无知。知道自己无知的人才是最有智慧的。

陷我们于无知的恰恰是我们的已知。只有承认自己无知，把自己放空，不断去省察自己的生活，我们才能成为一个高效、开放的终身学习者，一位更灵活自如的跨界高手，也才能更好地领悟人生幸福的真谛。

3. 向孩子学习

多年来我们总是习惯用单一视角来看问题，渐渐形成路径依赖。孩子拖延时，我们往往会不耐烦地吼起来，而不会耐心地感受孩子的节奏；当跟孩子说了几遍，他也不愿意遵循时，我们第一反应往往是责怪批评，而不是心平气和地让他说出自己的想法，我们常常意气用事，很少自我觉察，时间长了就会让大脑形成路径依赖模式。

而这样的路径依赖，让我们很难用更多的视角来看当下的问题。卫蓝在《反本能》一书中这样描述路径依赖："当我们长期进行一种行为的时候，大脑会慢慢形成一个专门处理这种行为的绿色通道，所以当自己面临相似的场景时，大脑会对这种行为进行优先选择，并进一步形成自动化反应。"

所以当我们想要让自己有更多的觉察时，就需要刻意练习，以形成新的路径依赖。好在孩子是我们身边的大师。我们可以从孩子身上汲取智慧，摆脱单一视角，让自己更包容、更开放。心理学家皮耶罗·费鲁齐在《孩子是个哲学家》中说，我们可以从孩子身上学到这些：

从孩子对世界的专注之中，学会活在当下，学会全身心地付出；

从孩子执着于自己的方式之中，学会不带期望地与他人相处，不侵占他人的空间；

从孩子的天真无邪和创造性之中，学会摆脱过去和经验的牢笼；

从与孩子的接触中，发现之前未曾意识到的自己的另一面；

从孩子的负面情绪中，观察到其中所折射的父母的潜在情绪；

从童言无忌之中，学会面对生活和自己的真实，拒绝谎言；

从孩子对待父母的态度中，发现自己对待伴侣的态度，从而检省爱情之河的干涸；

从孩子的正义感和对于死亡的最初思考中，体验到对于生命的感激之情；

从孩子不厌其烦的重复游戏和探索中，学会缓慢、耐心和等待；

从孩子的好奇心和天马行空般的问题中，学会创造性的思维；

从孩子的随遇而安之中，学会自发地生活；

从孩子的纯真之中，发现人际关系的美妙和日常生活的独特之处；

在面对孩子的要求时，明白坚持和意志的重要性；

从陪伴、保护孩子的过程中，体味爱的无私和回馈。

孩子是上天赐给我们的礼物，让我们觉察自己，让我们的心智慢慢成熟起来。

孩子的内在节奏很慢，也让我们不得不学会以极其缓慢的方式慢下来。从理论上讲，我们要尊重孩子的节奏，但在实践中，这不是件容易的事。没人喜欢被催促，我也经常听到家长说"快点吃饭""你再不走，我们就走了"，这些对孩子来说，何尝不是一个小小的侵犯。

我们知道要学会尊重孩子的节奏，但是为了尊重他们的节奏，有时我们就不得不放弃自己的节奏。可从知道到做到，中间隔着一个太平洋。因为我们每个人都有节奏，可能是混乱的，也可能是协调的，但都像指纹一样独特。当被迫放弃自己的节奏时，我们都会有些怨气，这发生在我们与孩子的相处中，也发生在我们的成长中。

我们要想教育好自己的孩子，就要树立自己的品德，学会放空自己，洞察问题，建德若偷。如果父母建立了自己的高道德感，就能看清楚什么是真正的问题。

力量加油站

"曾经看过李小龙的一段访谈视频，他是这样分享心得的："一个好的武术家就像水一样。为什么？因为水是无形的，因此你抓不住它，也无法用拳头击伤它，所以像水一样柔软灵活吧。

"放空你的思想，无形无式如水一般。将水倒入杯中，它变成杯的形状；将水倒入瓶中，它变成瓶的形状；将水倒入茶壶中，它变成茶壶的形状。水可静静流淌，亦可猛烈冲击。像水一样吧，我的朋友！"

大象无形：找到孩子热爱学习的多巴胺

只要家里有孩子在上学，我们都会思考一个问题：怎么让孩子热爱学习？

瑞典科学家阿尔维德·卡尔森发现多巴胺是有神经递质功能的，神经递质是一种控制键。就是当我们做一件事，身体系统感知到有多巴胺的时候，我们就会让自己去做那件事情，多巴胺会让我们感受愉悦性。

所以，怎么让孩子在学习上产生多巴胺呢？其实严格意义上，孩子没有办法在学习的任何一个环节产生多巴胺。这就很麻烦了，没有多巴胺，孩子靠什么来让自己学习下去？答案是靠意志力。

想靠意志力，就得寻找意义。没有多巴胺，就得用意义来控制自己，还得靠成就奖励自己。如果孩子在学习上能产生多巴胺了，那么孩子就愿意学习了。

有些"别人家的孩子"特别爱学习，比如说你让他做题，他就很兴奋，非常努力地去做题。碰到题目就乐此不疲，只要有他不会的东西，他就一定要把它学会，这种求知欲特别强的孩子是怎么培养出来的呢？

我接触过两个这样的孩子，这两个孩子给我的答案出奇一致，就是他们在小时候没有被要求。从0岁开始一直到12岁，他们从来没有被要求过。一个孩子后来考入人民大学，另一个孩子后来考入同济大学，两个孩子都没有在低年级阶段被要求。

可想想我们的教育，又有几个孩子没有被要求过？比如很多孩子讨厌写字，只是因为老师一开始的要求就太高了，不是他能做到的。我们要做的是，要让孩子在学习上轻轻松松，有成果。孩子只要出手，就有成果，那多开心呀。

怎么做才能让孩子轻松学习，获得多巴胺的奖赏呢？

1. 找到孩子的优势学习方式

心理学家约翰·华莱士·贝尔德介绍了儿童学习的四种类型，以及家长如何有针对性地帮助孩子成功学习。

首先是四种学习类型。视觉类型的孩子喜欢画画、智力拼图和艺术创作。对他们来说，"看到"信息是最佳的学习方式；听觉类型的孩子，喜欢听故事，也许很小就学会了说话，他们容易接受口头指令，很爱讲话；触觉类型的孩子，喜欢采取"切身体会"方式来体会不同的事物，家长在教他们时，要做给他们看才行；动觉类型的孩子，跟触觉类型的孩子有点类似，他们在学习时需要通过触摸事物获取感知，不过，他们也会通过"运动与感知互动"来学习。

　　怎么判断孩子属于哪种类型呢？华莱士建议，家长可以通过观察孩子的日常游戏和谈话方式来找出答案。比如，视觉类型的孩子可能喜欢用"看到发生了什么"或者"我看到她感到不安"这样的话来解释一件事情；听觉类型的孩子可能会使用一些描述情景的声调或句子；触觉类型的孩子会把与事件相关的感觉集合起来，例如"我能感觉到她很沮丧"；动觉类型的孩子可能喜欢角色扮演或演示。

　　我们也会经常给孩子做天赋测评，力求更精准地帮助孩子找到优势的学习方式，找到一些让孩子只要出手，就能有成果的方式。例如让孩子背书。我们平时经常让孩子背一首诗，或者是背《日有所诵》中的文章。有时让孩子多多朗读，多读几遍就会了。如果要背就一定要把整篇背下来，只有把整篇背下来，孩子才会产生多巴胺。

　　如果孩子没有特意背诵，却把诗歌或是文章给背下来了，那种感觉是很美妙的，孩子会很有成就感。

　　我有个朋友想让她女儿背诵《琵琶行》，《琵琶行》很长，她就把软件打开，放给孩子听，因为她女儿相对于看书，更喜欢用听的方式学习。她女儿听了三遍，读了两遍，后来又听了三遍，结果就会唱了，而且唱得很熟。女儿就很开心，说："妈妈，我都会了，《琵琶行》这么长我都会了，我是不是很厉害？"

妈妈问她是怎么做到的，她说听的过程中，发现有一个相关的动画片，就看了一遍，后来又看了一遍，就发现能背出来大部分《琵琶行》了。她说她边想着动画片里的画面边背诵，就一下背出来了。在这个例子中，妈妈就是通过连通孩子的视觉和听觉，调动孩子多条神经通路的方式来学习的。

　　所以，我们现在要想做的一件事情，就是要努力探究我们到底用一个什么办法，能让孩子觉得好像没有那么费力就学到了。多巴胺就是孩子做一件事不费劲，很轻松地把它做好了的奖赏。如果做一件事情，孩子很费劲才能获得成就感，那产生的并不是多巴胺，而是内啡肽。所以，把握好孩子学习的难易度至关重要。学习太简单了孩子会失去兴趣，太难了孩子会失去信心。

2. 降低任务难度，激发多巴胺的语言

　　怎么才能让孩子自发产生"我要学习"的感觉呢？我们通常都把学习这件事情变得太难了，觉得孩子要懂得学习的意义，要有志向，要有意志力。其实用多巴胺的语言很简单，"我轻轻松松就学会了，我觉得我很厉害，我会什么就炫耀什么"。

　　有个学员妈妈为了让孩子爱上学英语就是这样做的。她每天早上起来都会放音频，怎么放呢？孩子还没起床，她把窗帘一拉，把音频打开，就放孩子现在英语课的内容。孩子听着听着就发现能读了，没有刻意背，所以孩子在英语上的学习很轻松。孩子会跟她讲："妈妈，您听，这段英语真好听。"当然，她并没有觉得英语有多好听，但听到孩子这么说，她很欢喜。

她每天就在孩子起床的时候，打开音频，然后接着做她自己的事。孩子穿衣、洗漱的同时，时时刻刻都听到了英语。孩子学英语时没有刻意背文章，没有刻意背单词，就这么会了，更重要的是，孩子爱上了学英语。

所以孩子只要想炫耀一件事，就代表着那个地方已经有多巴胺影响他了。他会通过多巴胺反复告诫自己：你看我知道，我全都知道。《道德经》中说"大象无形"，"大象"本来就很大了，"象"是一个延伸。最大的形象是没有形状的。天有形状吗？风有形状吗？精神有形状吗？理论有形状吗？都没有。"大象无形"的意思是虽然无形却力量巨大，而多巴胺就是这种力量。

3. 感受孩子的感受，倾听他的反馈

如果你不能把握最根本的规律，就发现不了什么是真正的问题。怎么寻找最根本的规律呢？美国科学家维纳的控制论有一个核心思想：自我控制以"反馈"为依据，通过一个系统以往运行情况的信息，来控制这个系统未来的行为。所以，学会倾听孩子的反馈，才是解决问题的核心。

孩子学习不好，我们都会说是因为孩子不喜欢学习，但是更应该反过来问问自己，孩子为什么对学习不感兴趣？可能就是我们教的方法出了问题，教的思维出了问题，评价系统出了问题。这些都出了问题，孩子学习时就有痛苦感。孩子说："怎么这么难啊？""怎么搞不好呀？""为什么总是达不到标准啊？"这都是孩子向我们反馈的信号。

因为当他有痛苦感的时候，多巴胺肯定没有了，那孩子学习就会产生负向情绪的神经递质，比如肾上腺素、皮质醇。负向情绪的神经递质也有自己的语言，只要它们在，它们就会告诉大脑，不要做了，你怎么能做让自己不舒服的事呢？好痛苦，赶紧停下来，不要做了。

所以，当孩子身体系统出现了肾上腺素时，我们看到的都是孩子不好的状态，比如说孩子烦躁、抑郁或迷茫的情绪。这个时候，我们要想起控制论当中影响系统的关键是要倾听反馈，我们要看到孩子的状态，感受他的感受，立刻做出调整，要么改变我们的评价系统，要么改变教的方法和思维。

因此，对孩子的学习真正起着决定性作用的，不是理性逻辑，而是情绪。对大脑来说，唯一一个决定行为的东西就是情绪，对应大脑里面就是神经元之间传递信号的信使——神经递质。

积极的神经递质中有两种最重要，一种是血清素，一种是多巴胺。积极神经递质的语言就是"来吧，再来一点，还要来"，消极的神经递质像皮质醇、肾上腺素，它们的语言是"来，赶快逃，逃不了吗，我帮你逃"。

千万不要想着跟你的神经递质去打架，因为你永远打不赢。如果孩子在学习上不能产生多巴胺，他就会去找能产生多巴胺的事情做，因为孩子不能整天都没有快乐感和愉悦感。

所以我们要想尽各种办法让孩子喜欢学习，而不是让他觉得白居易很烦人，范仲淹真讨厌，欧阳修最麻烦。所以，在孩子的低龄阶段，最重要的事情就是让孩子在学习中产生多巴胺，千万不要让他产生皮质醇，让他焦虑，让他愤怒。

我们的所有决策不是理性思维的结果，而是情绪的神经递质在背后主宰。如果你无法深刻地理解这个道理，那么不管你让孩子怎么努力，他都会越学越不想学。

因为一切的奥秘就在于情绪背后的神经递质，所以你必须用神经递质来驱动孩子。就像认知是车子，神经递质是汽油一样，你要让孩子热爱学习，就得给他们加上多巴胺。

<hr>

力量加油站

如何让孩子在学习中产生多巴胺，保持情绪高涨？重点在于要让孩子持续获得小的成就感，这样，大脑就会持续分泌多巴胺。相反，如果对孩子过于严苛，不善于认可孩子的努力，孩子就很难获得这些小的成就感，大脑中便不会产生多巴胺。

中庸之道：用最高的智慧，让孩子成为自己

　　在传统文化中，中庸是儒家行为模式的最高理想，叫作"极高明而道中庸"。很多人以为中庸是和稀泥，要当个老好人。孔子说："天下国家可均也，爵禄可辞也，白刃可蹈也，中庸不可能也。"

　　什么意思？"天下国家可均也"，国家可以分一半给兄弟；"爵禄可辞也"，高官厚禄可以辞去不要；"白刃可蹈也"，刀山可以上，火海可以下；"中庸不可能也"，要始终坚守中庸之道，那才是真不可能做到的啊。

　　这里"中"的概念是什么？叫"知其两端，用其中"。知其两端需要我们做整体思考，把一个事物两个最极端的情况都要搞清楚，再取它的中间部分。中庸就像数学上的一个极限值，你可以无限趋近，但是永远不可能达到。

圣人是因为总能察觉自己在犯错，总能朝着一个无尽的目标努力，才成为圣人；小人相反，他们总觉得自己一贯正确，从不反省，才成为小人。追求中庸之道，要体现在生活的细节里。

我们有一个个案，孩子上初二，学校是寄宿制的，但他没有住校。他问妈妈要手机，妈妈讲了许多手机的危害，坚决不给买。孩子很郁闷，他说："因为我不住校，同学们昨天说的什么梗，为什么嘻嘻哈哈的，我都不知道。他们在手机上玩什么游戏，看什么短视频，追什么偶像剧，看什么动漫，我也不知道，因为我没有手机。没有手机，我就没有朋友，没有朋友，我就很郁闷，很郁闷，我就不想学习。不想学习，我的成绩就下来了。所以我为什么成绩不好？因为我没有手机。"

他这一套推论下来，妈妈就没办法了，跑过来找我们。妈妈陷入了两个极端，第一个极端是把手机给孩子当礼物，第二个极端是彻底不给孩子用手机。

我们先说说第一个极端，把手机给孩子当礼物。手机是会控制大脑的，因为孩子如果有一段时间稍微无聊一点，自然就会把手机拿出来，身体的多巴胺和血清素也就来了，很放松，很舒服。

家长在操作上一定要执其两端，而且还要站在孩子的角度，把每一个细节都了解到。你可以对孩子说："现在不给你手机，你就觉得没有朋友了，为了解决这个问题，你现在要把没有手机的痛苦全部写出来，我们一起评估一下能不能给你一个手机。"

等孩子把没有手机的痛苦全部写出来，你会发现他会给出一大堆的理由，即使是这样，孩子其实对手机的危害程度了解得依然不深。手机最大的危害是会让孩子沉浸在虚拟的社交之中。当现实社交的愉悦度达不到虚拟社交的愉悦度的时候，孩子就可能与现实世界脱离。

孩子如果沉浸在虚拟世界里挺开心，突然你要把他拉到现实世界的时候，他就会产生很强的逆反心理。

我们在清楚手机的危害的同时，更要让孩子清楚手机的危害。我们可以对孩子说："我很同情你，知道你没有手机的痛苦，我想问你几个问题，如果我现在拿个手机给你，你能管理好吗？你建立了管得住自己的一套策略了吗？如果没有策略，就不能给你手机，我们先要定用手机的策略，比如打算用手机的哪些功能、什么时间用手机等。"

让孩子玩手机之前，先要让孩子制定策略，这就是"执其两端"。"执其两端"是我们的工作，我们要思考清楚如何做到。如果你来硬的，走另外一个极端，彻底不给孩子用手机，孩子就会有很多办法对付你，比如绝命三招：不吃饭，不上学，不活了。你就会陷入进退两难之境。

这个事情需要孩子自己去思考，他得执其"中"，如果我们帮孩子定规则，那会加进去很多我们的欲望，比如净想着让他热爱学习、热爱运动了，所以这个"中"必须是孩子来决定的。所以说，"执其两端"是我们的工作，"中"是孩子的选择。如果孩子说"我就想玩手机，我不想学习"，你不要先怪孩子，而是需要反省你平时给的爱是不是太少了，跟孩子交流的时间是不是太少了，关心孩子是不是太少了。

为什么说中庸是传统文化里至高的智慧，因为能用好的人太少了。至高的智慧代表着极大的信任，如果你用中庸的方式与孩子沟通，那就要信任孩子。可以尝试着说："我相信你对自己的生命是负责任的，我相信你一定能找出来一套能够很好地管理手机，并且不至于让自己的承诺执行不下去的方法，但是你得说服我让我相信你。你要分析清楚，有理有据。"

如果孩子跟你说要玩游戏，也是一样的策略，我们和他一起想好两端。比如："能跟妈妈讲一讲，这个游戏玩了以后，有什么意义吗？"孩子这时也许会跟你说："可以学日语，可以交朋友，可以锻炼决策能力等。"

然后再讨论一下"玩这个游戏可能产生什么危害"，比如玩的时间太长时，问问孩子："如果玩的时间长了，你打算怎么办？"引导孩子在不断思考与迭代自己的决策的过程中，一点一点地变得更有智慧。

只要孩子能够参与有关自己的决策的制订，就已经打败了大部分人。大部分孩子糊里糊涂的就长大了，主意都由家长拿。有些家长拿主意的时候，甚至自己都没有想清楚，如果碰巧父母是对的，那孩子就永远不会独立思考了。如果父母是错，那就更糟糕了，不仅没有个好结果，孩子也不会独立思考。

中庸的概念叫作"执其两端，而用其中"，我们要学会这种跟孩子沟通交流的方法。任何一件事情，请他和我们一起把两端想清楚，一起讨论，最后交给孩子决策。我们在家里练习的时候要从小一点的事情开始，一点一点，比如"要不要写作业"之类的问题都可以谈，手机则属于比较重大的事情了。

不要认为你定的规则都很正确，真正的中庸之道是为了实现最高的善，外在形式可以借鉴和变通，而善的结果一定是孩子感觉到舒服、放松，自己想要做，那才叫真的善。如果必须由你管着、看着才行，你一不管，他又回到原样了，那不是真的正确。

所以无论做什么都要让孩子执其两端，然后交给孩子决策。孩子小的时候犯了错，改正起来比较容易。别等他玩了手机，成绩下滑了，或者玩了手机，自己混乱了，我们才说："宝贝，也不是你的错啊，妈妈说不定还定不出像你这么好的策略。"

当然，如果真遇到了这个情况，我们也应该庆幸自己又找到了一个讨论两端的机会，我们就把两端不断地加强，再做决策，依然用这种方法不断地推动孩子。

《中庸》里说："致中和，天地位焉，万物育焉。"这里的"致"，是推到极处；"位"，是得其所哉，各安其位；"育"，是万物生长发育。当我们不断地让孩子去思考事情的两端时，孩子就能逐渐发展出自己独立思考的能力，这才是真正的"天地位焉，万物育焉"的状态。

只有在这样的状态下成长的孩子，才会用这样的方式去处理问题，因为孩子已经在你的两端之上，更能扩大自己的两端，孩子的视野越宽阔，看问题就越深透，越能从整体性出发，孩子的决策就越正确。

中庸是最高的智慧，而这种智慧，想要获得不是容易的事情，我们确实需要慢慢学习，在生活的细节处多多练习。

力量加油站

分享心理治疗学家弗里茨·皮尔斯的《格式塔祷告》：

我做我的事，你做你的事，

我来这个世界不是为了迎合你的期待，

你来这个世界也不是为了满足我的需要，

你是你，我是我，

你我若能相互看见、彼此理解，那很好，

倘若不能，也可以。

03

> > > >

成长力:

从出生到青春期的科学养育地图

当管不了孩子时，先管好自己！放手也是一种教育。

0～3岁：奠定生命之初的自主感

为人父母，我们都愿意相信孩子的生命潜能，相信孩子与生俱来就会有非凡的天赋。做父母需要爱，更需要科学素养，如何认识孩子、如何认识成长都必须先基于对人的认识。当孩子刚出生，看到孩子可爱的模样时，我们总想给他无尽的爱。

可是比起爱孩子，作为新手父母，最需要做的第一件事就是对孩子的生命潜能报以最大的信任，因为这份信任就是开启孩子潜能的最重要的一把钥匙。

婴儿期最为关键的就是建立信任关系。在埃里克森的心理社会发展的八阶段理论中，第一阶段是基本信任对基本不信任，该阶段始于婴儿期，一直持续到婴儿24个月大，在最初的几个月里，婴儿对自己生命中的人和事发展出可信任的感觉，他们需要获得信任，让他们与他人形成亲密关系并信任他人。

如果信任处于支配地位，孩子便获得了希望，他们会认为自己的需要能够得到满足，愿望能够实现；如果不信任处于支配地位，孩子就会认为世界是不友好和不可预测的，因此很难与他人形成亲密关系。

获得信任的关键因素是积极回应和一致性的照顾，婴儿期望饥饿时就能得到喂养，这能使婴儿透由妈妈觉得这个世界是可信任的，所以他会允许妈妈离开视线，因为他的心里是有安全感的，他知道妈妈一直都在。按照发展心理学的观点，孩子从小开始建立社会发展关系。越小，社会关系的发展就越关键，0～24个月是建立信任的关键时期。孩子的什么行为能够看出他的社会发展关系顺利呢？妈妈哪怕离开他的视线，他也能够确定妈妈不会离开他，在他确定需要妈妈的时候，妈妈就会出现，这才建立起信任。

英国心理学家约翰·鲍比毕生都在研究亲子关系对心理状态的影响，后来，他的学生玛丽·爱因斯沃斯对依恋理论做了进一步发展，提出了三种成人依恋类型，据此，他们对于依恋的研究就形成了三种依恋关系。

依恋类型	孩子小时候的个性	父母的教养方式	孩子小时候对生活的感觉
安全型	快乐，自信，有好奇心	总是关爱孩子，态度耐心温和，对孩子反应迅速	父母是我坚定的依靠
焦虑型	焦虑，不安	对孩子有时关爱有时冷漠，阴晴不定	如果我表现好父母就会对我好
回避型	淡漠	对孩子十分严格和挑剔，或十分冷漠和疏远	不管我表现怎么样，都没人管我

●**安全型依恋**：当与别人的距离拉近时，我感觉很自在，也比较轻松。有困难的时候我会自然地向别人求助，不怕被人拒绝。我不担心被别人抛弃，也不担心如果暂时疏远了对方就不再被对方喜爱。

●**焦虑型依恋**：我经常担心对方不是真心喜欢我，或不是真心想要和我待在一起，我希望与对方走得近些，再近些，但我总是觉得对方与我的距离没有我期待中的那么近，我的这种努力和期待有时会让对方感到压力，甚至会吓跑对方。

●**回避型依恋**：我不希望和对方走得太近，一旦走得很近，我会感到一种压迫感和不安感。我无法完全信任别人，所以我也不允许自己依赖别人，我认为只有自己可以依靠。对方和我走得太近时我会感到紧张并躲避他，我感觉对方期待的亲密程度已经超过了让我感到舒服的程度。

如果一个孩子是安全型依恋模式，妈妈在不在身边，他也能够泰然自若。

如果一个孩子是焦虑型依恋模式，他会很黏人，一刻都不能离开妈妈。我有个学员的孩子10岁了，她希望我能帮孩子跟妈妈分床。他们家有三层，原来父母的卧室是在三楼，孩子的卧室和书房都在二楼。但是从孩子出生起一直是爸爸一个人睡在三楼，而妈妈一直跟孩子睡在二楼。

我建议先用高低铺的方式，还在一个房间，还在一张床上，只是一个上铺，一个下铺。孩子选的是下铺，因为他要看着妈妈。他不敢睡上铺的另一个原因是怕妈妈跑了。他对妈妈的这种高度的连接性，会让他排斥所有其他人。所以当孩子上学的时候就会很麻烦，分离焦虑就会很严重，只要上学就会哭。

回避型依恋模式的孩子就更麻烦了。他谁都不依恋，谁都不信任，谁都不相信。因为全世界最值得信任的妈妈，信任感都建立不起来，他怎么可能还去建立对别人的信任呢？这样的孩子的社交会呈现出孤独感，他不觉得社交会给他带来什么好处，这样的孩子有些学习成绩特别好，他们用自己的学习成绩来获取在人群中的地位，但就不想连接任何一个人。

所以，分析完这三种类型的依恋模式后，当你发现孩子不专注、不听话时，一定要先去理解孩子，反思是不是我们的爱曾经给错了，如果在他生命的前3年里，缺少陪伴，孩子就容易焦虑。而你越给他压力，他的焦虑程度就越高。

为什么这么说呢？我们的大脑中，有个像杏仁一样的组织，别看这个东西并不大，但它主导着最本能的情感系统，让我们趋利避害。简单说，就是两个字：不装。

要知道早年的经历，其实是没有记忆的，两岁之前所有的生活经历孩子都记不住。但是他的杏仁核却会记住，杏仁核一旦记住潜意识的动力，或者叫作无意识的动力，就会让孩子对所有可能对他产生压力的状态表示愤怒。如果一有压力他就排斥，怎么可能全情投入让自己来好好学习呢？

3岁以前，很多家长缺少正确陪伴的方法，这是让孩子没有形成安全依恋的重要因素。比如：妈妈要上班，其他带养人为了让孩子不要因为妈妈离开而哭闹，会让妈妈偷偷地离开，殊不知，这样的不哭闹会在孩子的内心里形成一个记忆：原来妈妈会突然不见。

最好的方法是：不论孩子多大，哪怕是刚出生的婴儿，你对待他，都要如同蒙特梭利博士讲的"每个孩子出生就是一个大写的人"来对待。你要离开，要对孩子说再见，让他看见你离开，这会让孩子感知到妈妈会离开，也会回来。

安全感的建立不是让孩子不哭闹，而是让孩子明白事情的因果联系，据蒙特梭利博士研究，婴儿在7个月左右，就已经建立因果思维。因果思维也就是发生了一个行为，就会出现对应的结果。

还有些时候，很多母亲或家里其他带养人，对待孩子的情绪不稳定，包括说话的声音时而温柔，时而大声甚至呵斥，变脸比翻书还快，这也会对孩子的安全依恋产生影响。

《大学》中说："知止而后有定，定而后能静，静而后能安，安而后能虑，虑而后能得。"孩子如果缺少正确的陪伴，缺少信任，不知止，就不知道自己应该在什么场域，是什么样的角色，要承担什么样的任务，以什么样的方式呈现。这样就不能定下来。他在学校里心不能定，他浮躁的时候就不能静，因为不能静，他就没法安，也就是说他的杏仁核掌控的所有的情绪就没有办法平衡，没有办法稳定，这样的状态怎么可能专心地学习呢？

所以，有很多问题，并不是孩子的学习能力问题，也不是学习动力问题，而是干扰问题。我们很多时候，只要把孩子成长中的干扰去掉了，孩子就能够很好地呈现出未来的状态。

我们以为孩子建立信任只是成长的发展阶段，有它的局限性。可往往越早发育的能力，越有着重要的生命能量。

我们要在早期建立安全的依恋关系，这样孩子以后的人生才能获得自主感。没有依恋关系的人，活了一辈子，也只是匆匆过客，跟外界无法产生亲密的连接。

力量加油站

心理学研究发现，精神分裂症、双向情感障碍等严重性精神疾病，常常可以发现是当事人在6个月大之前经历了严重创伤，而这是相当难治疗的。

很多时候，我们很习惯由老人带孩子，这种普遍现象，对孩子而言也是一种创伤，因为没有谁比妈妈更重要。

尤其是，假若孩子在很幼小的时候不断在妈妈和老人或其他抚养者之间来来去去的话，那也会造成巨大的创伤，因为每一次和抚养者的分离，都是一次被抛弃的创伤。

3～6岁：人生早期的自尊感，就是性格形成关键期

　　3岁起，孩子才能从"我"这个主体里发展出"自我"这个概念，这标志着孩子有了自己的思想，开始进入"自我"与"他人"的关系认知阶段。从3岁起，孩子的自我意识会变得越来越明确，这个阶段我们最应该关注的是性格培养的"起跑线"，这比抓住"语言敏感期"学英语，上各种兴趣班对孩子未来的影响大得多。

　　因为，与其他能力相比，性格更能影响孩子未来成为一个什么样的人。

　　随着"自我中心化"思维的建立，孩子对自己的物品会有强烈的归属控制欲望，不爱分享，这个阶段的孩子看不见别人的需要。这时，千万不能要求孩子去分享，如果硬是让孩子分享，就会让孩子压抑内心的感受，压抑久了，可能会伤害藏在孩子内心的

"自我"。

如果我们能够理解孩子的"自私"，并且能够尊重孩子的"自我"，就能培养出孩子的自尊感。孩子只有自己的城堡坚固了，他才愿意打开自己的城堡，才有胆量走进别人的城堡。

如果一个人没有自我中心感，会出现什么问题？你会发现身边有些特别没有主见的人，没办法自己做决定，什么事情都要问别人，别人让他怎么干他就怎么干，干着干着，当有人提出相反的意见时，他又开始想要改变，这样的人没有自我。

没有自我还会觉得自己不够好，自己不配得。比如觉得自己不配休息，感觉"我怎么能这样浪费时间呢？我应该干点什么事，我干点什么事才有意义。我怎么可以坐在这里看风景"。完全没有自我资格感的人，很难感受幸福。

可见，自我中心是多么重要的一个心理能量。越早发展出来的生命能量，对生命本身越重要。我们为什么从一开始就是从自我中心出发的呢？因为对个体而言，这个世界就是自己，有自我，才存在有意义的世界，如果"我"这个生命不在了，这个世界对我而言也没有了意义。

中华文化中有一个非常具有自我中心感的学说，就是"阳明心学"。阳明心学中有一句很著名的话："我心即宇宙，宇宙即我心。"心外无物，这是多么强的自我中心感，也就是说，如果一个事物进入不到我的世界意义里面，这个事物对我也没有意义。

那么，我们怎么加强孩子的自我中心感呢？

第一，讲英雄故事，建立孩子的英雄感

说到英雄故事，幼儿园的孩子经常会说："我是奥特曼，我有特异功能，老师，你在那儿不要动哦。"你不要跟他说奥特曼是假的，不能破坏孩子的自我中心感。孩子说他是奥特曼，你就说："那你好厉害哦，你用奥特曼的特异功能干些什么呢?"慢慢建立起孩子的自我意识。

当然，从科学教育的角度，我们更希望家长们给学龄前的孩子讲的英雄故事尽可能是真实存在的，而非虚拟的。

幼儿阶段孩子的理想都非常的伟大，"我要做宇航员""我要做最伟大的人""我要做将军"……这个阶段孩子都想当英雄，如果这个时候能够给孩子说说我们中华文化中的英雄，会让孩子找到自己文化的自豪感，加强孩子的文化自信。

如果有一天，我们的孩子心目中的英雄不再是奥特曼、蜘蛛侠、美国队长，而是一个个中国的英雄，那就可能会在他的内心里面形成非常好的文化因子。

等到孩子再大点的时候，就可以给他们讲一些民族英雄的故事。让孩子们知道顶天立地的生命是什么状态。

我们要给孩子讲英雄故事，如果孩子愿意当英雄，我们要赞赏他，顺应他美好的自我感受，因为这个阶段的孩子所有的自我都是"单一表征"，也就是说他的思维总是在个别事件上跳跃，没有逻辑连接，而且这个时候的他不能去中心化，没有办法认识到真实的自我与理想中的自我是不同的，所以会把自己表现为理想中的自我。

第二，多让孩子跟同伴产生连接，帮助孩子储存内在心理资本

孩子在自我中心阶段，对自我的接纳度会很高，很容易原谅自己。因为孩子这时的逻辑都是单向的，比如"我没有他有力气，是因为他比我大"，所以这个时候孩子的内在心理资本是在积累期的。

心理资本构建在他与同伴交往中的自我认知上，比如他会想"我很好，我很棒，没有什么是我改变不了的，我满怀希望"，这就是心理资本。一位学员家长曾经向我反馈，她的女儿在幼儿园认字突飞猛进。为什么会这样呢？因为女儿发现班上有一个小朋友认识好多字，并且会读报纸，于是她开始跟那个小朋友较劲，期待有一天自己也能读报纸。

所以，孩子在保护好自我城堡的阶段，能学习别人身上的优点。只有当孩子自己与同伴比较时，孩子才能产生改变自己的动力，并完成由真实自我到理想自我的转变。

女儿问妈妈："妈妈，我要认识多少字才能读报纸？"妈妈回答："至少要认识两三千个字吧。"女儿每认识100个字，就把这100个字的字卡放到一起，等她上小学的时候，已经认识2000个字了。女儿说："我都已经认识2000个字了，可以读报纸了。"所以，她女儿上小学时，已经可以轻松地自由阅读。这位妈妈并没有刻意去督促孩子认字，而是经常鼓励孩子，尊重孩子的想法。

第三，允许孩子犯错，才能培养出孩子的高自尊

埃里克森曾说，儿童突然感到"自己是自己了"，他更可爱、更轻松、更聪明——用一句话来概括，他产生了一种新的活力，似乎变得活跃而主动，能自由支配剩余精力，能很快地忘记许多失败的经历，主动迈入一些可能给自己带来危险的新领域，怀着永不熄灭的热情，目标越来越明确。

在这个阶段，由于孩子热爱探索，因此容易犯各种大大小小的错误。此时，我们要允许孩子经常犯错，这样才能培养出孩子的高自尊。如果我们总是去纠正孩子的错误，去控制孩子，时日久了孩子就会觉得自己的感受无足轻重。

我想起不久前一个流传很广的视频，视频讲的是大学生军训时一个男生怎么都走不好正步，于是教官开始给他上小课。他的身体在极力配合着教官的语言，教官每说一句话，他都会立刻有身体上的回应。但是，他的错误动作特别多，而且总是同手同脚，这让他很惶恐，满头大汗。然而他越使劲越做不对，越使劲身体越迟钝。身体为何会迟钝？因为他身心分离，无法集中注意力，动作自然不够灵敏。

我从2005年办学，到现在已经深耕教育领域长达18年，我经常会在做家庭讲座时提到如何培养孩子的高自尊。有个朋友跟我分享她的故事，她跟我说，她有一次正在厨房做糖醋排骨，而她4岁的儿子正在客厅里玩小车。过了一会儿，她感觉突然好安静，于是喊："你在干吗？"儿子回答："我在干活。"她顿时觉得不妙，因为凭他对孩子的了解，如果孩子静悄悄的，一般是在作妖。

她赶紧关火，跑出来一看，孩子在阳台坐在小车上，抱着个桶，桶里全是洗衣粉，他一边骑，一边抓一把洗衣粉往外撒，嘴里喊着"干活，我在干活"。

因为她经常听我的讲座，知道要允许孩子犯错，培养孩子的高自尊，也就没说什么，只是跟孩子一起把阳台收拾干净。后来有一次她发现孩子的高自尊表现了出来，那次是和爷爷一起吃饭，爷爷对孙子说："你要多吃点饭菜，你看你好朋友尚尚长好高，他平时就多吃饭菜。"

她听了这些话，瞬间想起自己小时候也被拿来与"别人家的孩子"做比较。她看见儿子撇了撇嘴，不开心，正当她想说点什么时，却听见儿子说："虽然我个子不高，但是我力气大，胳膊还长。"说完，她儿子还举起胳膊表示自己力气很大。她瞬间感到宽慰，原来孩子比自己小时候强多了。

个人的自尊感是培养所有良好性格的基石，对性格的长远发展有着至关重要的影响。所以我们要多尊重孩子、理解孩子，这样，他才能保持自信。

力量加油站

"3岁看大，7岁看老"，在这个重要的阶段，父母要与孩子共同成长！

6 ~ 12 岁：小学阶段，把培养学习的成就感放在首位

虽然双减政策和新高考改革政策已经颁布，但是很多家长依然感到焦虑，他们还活在过去的思维习惯里，做着跟之前相同的事情：让孩子大量刷题，并给孩子找老师来补习。

如果父母这样做是有价值的，为什么国家用一个又一个的政策去阻止你觉得有价值的事呢？如果我们没有想明白这个问题，可能今天所做的所有努力反而会成为明天收到恶果的原因。

除了要更好地应对制度的变化，我们还要了解孩子在成长的过程中遇到的挑战。孩子在6 ~ 12岁，会经历两次升学，一次是幼升小，另一次是小升初。在这一阶段，孩子会迈进人生最关键的青春期。从认知到心理，再到亲子关系，我们需要做好充足准备，才能帮助孩子建立他这一生学习的成就感。

蒙特梭利博士在100多年前就提出了一个教育的新观念"让学习者成为创造自己的主人"。

不管是国家政策导向，还是大教育家的教育理念，都在提倡让孩子成为学习的主人。

如何让孩子成为学习的主人呢？要让他有学习的热情。如果一个孩子在小学阶段，他的时间就被功课填满，那么到了初中、高中，面对激烈的竞争，他还有学习的动力吗？

要让孩子成为自己的主人，就一定要激发孩子学习的内驱力，让他从学习中找到成就感。

孩子的自主性，出现在0~3岁阶段，自尊感出现在3~6岁阶段。如果我们在这两个阶段都能做到了解孩子，明确培养的重点，那么就为孩子打下了自主学习和发展各项生活能力的基础。

首先是小学低年级阶段，这个阶段被皮亚杰称为"孩子发展的前运算阶段"。

这个阶段，孩子不具备守恒能力。什么意思呢？我们来看一幅图：

守恒类型	开始的样子	转换之后	问题	前运算儿童的回答
各种类型的守恒实验				
容量	两杯同样多的液体	把其中一杯倒入一只高而窄的杯子	哪只杯子里的液体多？	高杯子
数量	同样多的两行棋子	把一行棋子间的距离加大	哪一行的棋子多？	长的那一行
物质	同样大的两块橡皮泥	把其中一块捏得长而细	哪一块橡皮泥多？	长的那块
长度	两根一样长的木棍	一根木棍被移动了一下	哪根木棍更长？	移得较远的那一根

在孩子六七岁掌握守恒概念以前，很难理解图中显示的液体、棋子、橡皮泥和木棍无论怎样转换，其总量都不会改变。如果孩子过早用抽象的数来学习运算规律，而他自己又没有具体的守恒感受时，他就会用记忆的方式来记住。

一旦用记忆的方式奏效了，他就以为所有的事情都可以通过记忆来解决，孩子就会习惯使用一种最错误的学习方法：刷题。他们以为只要刷更多的题，就能考高分。在这个过程中，孩子更关注单一、具体的事物。一旦条件改变，或者因果倒置，孩子就手足无措了。

不要让孩子用网上的刷题App，对这个阶段的孩子来说，他们不理解解题过程，不理解事与事之间的连接，比如，他们不理解题目跟概念之间的连接。不会的题就让孩子读题，把题好好地读一遍，再读一遍，一遍一遍地读，等理解题目的意思后再去做。

很多老师都不主张使用刷题App，因为孩子用了这些刷题App，作业看上去都做得非常好，可是一考试就考不好了。因为孩子频繁刷题，会永远卡死在前预算阶段，永远只能解决孤立性事件。

如果我们不明白孩子的学习过程，也就是大脑在运算阶段的发展过程和逻辑思维的开发过程，我们就会让孩子学会虚假地学习。长此以往，孩子只会解决一个个孤立的问题，只会凭借自己简单的逻辑来推理。孩子只拥有这样的能力，怎么能够应对更高阶段的学习呢？

在这个阶段，孩子还不具备自我评估的能力，因此非常依赖外界对他的赞美和奖励，通过外界对他的态度来认识这个世界。我们可以通过一些正向反馈来增强孩子对自己的了解，变着方法去鼓励孩子，让他认同自己是一个好的学习者。

比如说这一周给他颁发一张小奖状，下一周陪孩子去游乐场玩一次，再下一周可以让孩子自己动手炒一个菜，尽量用非物质的方式去奖励孩子。心理学研究表明，如果父母能在生活中多给孩子一点正面反馈，孩子就会自信、乐观和积极。

同时，我们也可以让孩子从小养成好的思维与认知习惯。比如，孩子拿着他的一幅绘画作品来到你面前问道："妈妈，我画得好看吗？"妈妈可以这样回应："你觉得好看吗？"

不论孩子的回答是什么，这都是给孩子一次自我肯定与自我认识的机会。也就是说，孩子自己觉得满意或好看，比任何人觉得满意或好看都重要。

总之，父母快乐着孩子的快乐，幸福着孩子的幸福，悲伤着孩子的悲伤……相比孩子做的事，你更重视孩子这个人，这本身就是对孩子的一种鼓励。

美国加州大学哲学博士詹姆斯·多柏林提出了一个"补强法则"："被父母的掌声鼓励的孩子，会滋生内心的一种力量，并将这种力量融入骨血，当他们遇到困难的时候，他们可以很自信地对自己说：我是最棒的，我可以！"当我们不吝啬自己的掌声时，孩子才能爆发出巨大的成长能量。

总之，当我们注意到这个阶段孩子的思维特点时，就不会盲目让孩子超纲超前学习，因为这样会打击孩子的学习兴趣和学习热情。同时，在孩子学习的过程中，我们应该用非物质的激励机制，让孩子通过自己的表现来了解自己，帮助孩子建立自信和自我驱动力。

小学中高年级阶段，我们要促进孩子思维的成长，而促进思维成长的前提就是不要过早地对孩子进行思维的开发，在孩子9岁之前其实都不要让孩子太关注抽象数学（心理数学除外）。因为这个时候他大脑的运算能力还不够，他的逻辑复杂性还不够。但一定要关注他语文的发展，以及他的身体素质、劳动能力、社交情商，让孩子每个阶段做与之对应的事。

孩子在什么时候可以开始关注数学呢？四年级以后开始关注。因为此时孩子已经开始进入高级运算阶段了，思维也开始在额叶的支持下不断地做高级思维的运用，开始链接大脑神经元。这个时候就可以好好地帮孩子去提升他的数学，如果他的计算能力不够，我们再去促进他计算能力的成长。而这个时候，孩子计算能力的成长，比他一二年级的时候要更强。所以不同的阶段，孩子的发展重点是不同的。

中高年级学霸和普通学生最重要的区别不是智商，也不是能力，而是热情，也就是孩子的学习自觉性和内心驱动力。所以我们要去观察孩子做什么能够让他有成就感，然后我们就把成就感不断放大，让孩子变成"单项王""单科王"。

当他在一个领域持续能获得成就感之后，我们再慢慢地去叠加他在其他领域的小成就，形成孩子的优势领域叠加态。这个领域不一定是学习，其他方面也可以。比如孩子交了一个好朋友，或和小伙伴一起解决了某个难题，都可能让他有成就感。

也可以让孩子在认知和协作方面有成就感，这些成就感都是促进孩子想要变好的重要组成部分，会在不经意的时候推动孩子，让孩子为自己的学业发力。

《优势教养》的作者莉·沃特斯指出，相对于努力改正孩子的缺点，努力培养孩子的优势效果更好。他还说到一个优势发展公式：优势发展=能力×努力。这里的"能力"是指孩子先天的优势能力，而"努力"是指我们有意识地引导孩子，让孩子不断使用优势能力。

我们可以让孩子列出他的优势清单。确定之后，根据孩子的优势清单创造环境，让孩子投入时间去努力，从而帮助孩子建立自信。

同时，学习上也需要补缺补差，因为等到初高中的时候时间会紧张。中高年级不做练习题肯定不行，但是我们千万不要让孩子像在前预算阶段那样去做练习题，比如只追求一道题的答案，而这道题该怎么做不重要。我们要做的是关注孩子灵活运用知识的能力。

现在我们的中考、高考最大的改变就是，跟补习学校和出题人的较量，也就是说，现在的题目孩子们越来越不可能刷到。而且未来不用高中老师出初中题，而是用大学老师来出初中题，以考察一个孩子在这个阶段的知识灵活掌握到什么程度。大学老师的出题思路跟初中、高中老师是不一样的。

怎么补缺补差呢？有个四年级孩子的妈妈安排孩子的暑假生活时，让孩子做5套计算题，并且只做计算题，发现孩子做全对，这就说明孩子做计算题关过了。接下来让孩子做思维题目，也就是最后一道附加题。一般附加题都是这一套练习册中最难的题，如果全对，说明孩子做附加题过关了。

让孩子再做20道语文题。语文有一类非常重要的积累题，积累题有字词、古诗文，如果孩子掌握得不太好，那整个假期最重要的就是补语文。妈妈就花时间来跟他讨论语文的学习方法，最后孩子答应了，因为孩子特别喜欢做一些手工，妈妈用他喜欢做的手工作为交换条件，他答应每天记50个生字词。

50个生字词，其中10个是成语，妈妈从小学二年级的课本开始，包括他的阅读课文，无差别地听写，帮助他积累词语。孩子同意了，因为妈妈以给他两倍的时间去做手工来做交换。所以假期有那么多的时间，不妨帮孩子去做一项单项的突破。

妈妈后来让孩子自己选那些词语，50个生字词的字卡，孩子自己写、自己选。孩子因为获得了这种权利，很满足，就很乐意配合。因为他即将开始上五年级，如果孩子在字词方面没有得到充分的训练，无论是五年级的阅读理解还是作文扩展训练，孩子都会受困于字词不足。所以，孩子不是靠刷题来提升能力，而是靠主动思考来做练习。

在小学阶段，孩子需要依靠成就感来应对学业挑战。怎么去让孩子做自己的主人，挖掘他学习的内驱力，是孩子在小学阶段我们需要重点培养的。

力量加油站

作家六神磊磊在访谈中说道："如果好多年前有人告诉我，解读金庸会成为你的工作，那我会非常吃惊，不可想象……老师、家长当时不知道金庸小说的好，当时他们跟我讲得最多的一句话就是，你读这个东西没用。他们要下一个判断，孩子的这个爱好没用。我当时也挺信的，我觉得这个东西是没用的，但问题是谁想到20年之后、30年之后就有用了。孩子的梦想没有哪个是没用的，时代变化这么快，谁都不知道5~10年之后，会有什么新行业、新机遇、新梦想的诞生。"

孩子的梦想没有哪个是没用的，我们要做的就是支持孩子，帮助孩子找到成就感。

12 ~ 18 岁：重新认识青春期，帮助孩子找到自我价值感

孩子到了青春期，掌管情绪的杏仁核开始迅速发育，孩子的情绪会上下波动，他对周围的人事物都会非常敏感，而这时候，理性脑中掌控逻辑思维的前额叶皮质的发展没那么快，所以我们会发现孩子很难沟通，因为他的情绪会发生翻天覆地的变化。

别说沟通了，很多孩子一回家就要关上门，根本就不沟通。我有个朋友，孩子在寄宿学校读书。起初，学校发生了什么事情，孩子回家后跟她讲，她都爱莫能助。后来，孩子就再也不跟她讲了。这还仅仅是沟通上的问题，还有更多基础的问题，比如说逃学、厌学、玩游戏、恋爱、失恋、离家、斗殴等。

为什么到了青春期问题会如此棘手？因为青春期有一个非常重要的心理问题，叫作"自我同一性危机"。"同一性"是埃里克森提

出来的，指的是青少年对自我身份的认证和认同，这里的认证和认同并不是身份证上面的名字，而是他会不断去思考自己是谁，自己的价值在哪里，自己未来生活的方向是什么。

"同一性"是指在同一个感知上，我对我的感知和别人对我的感知要统一，而且要以我的感知为主。完成了同一性的孩子，这个阶段给他的赋能叫作"自我的锚定"，孩子自己总想搞清楚"我是谁""我能干什么""我为我想做的事情要付出什么"这些锚定自我的问题。但是如果同一性没有完成，就会形成冲突。

做父母的往往期待孩子以后考个好学校，能够报一个热门的专业，过几年就能找到一份高薪的工作。但是青春期的孩子却是"唯心"的，他只是一心想找到自己的同一性，想向自己和同伴证明完成锚定的自我，这样孩子才能获得自尊感、成就感和价值感。

自我同一性发展好的孩子有三个特点：

他很明白自己的缺点是什么，不明白自己缺点的人叫不自知。

他也很明白自己的优点是什么。

更重要的是他不仅知道自己的缺点和优点，也知道该怎么办，一般用两套策略。

第一套策略叫扬长避短。他会在青春期完成选方向、选文理科、选专业，找到自己最擅长的，因为要顺着自己的优势去找未来。

第二套策略更为关键，叫会取长，也就是会团队合作。他既然取的是别人的长，他就更容易发现别人的优点了。这样的人的未来才是最厉害的，所以自我发展的过程是一个孩子成长的过程。

如果不完成自我同一性这个任务，孩子长大后会非常痛苦。第一个原因是，他完全不能容忍自己的缺点，只要别人一想到自己的缺点就难受，就开始掩盖，这样的人很难成长。第二个原因是，他特别痛恨别人的优势。人家比他厉害，他就很痛恨别人的优点，也就没办法跟别人合作。

他的特点是跟比自己弱的人在一起，就很快乐，要和比自己强的人相处，就很难过了。他讨厌权威，尤其讨厌本事比他强的人。他这样的人未来很难发展得好，他进了公司不尊重领导、讨厌权威，领导自然也不会给这样的人机会。

对于青春期的孩子，如果他迈向自己未来的步伐被封印，就很麻烦，他就有可能发展为以下三种状态之一。

第一种状态就是"斗"，永远在斗争。如果你能感知青春期孩子的逆反，那只是他初步的表现，到后期不排除走向犯罪的可能，因为他很难进入一个稳定的状态。

第二种我们称之为"宅"，即不愿意走到现实生活里。"宅"最明显的表现就是杜绝与人交友，甚至在结婚成家的年龄不肯结婚生子。这些人很难跟别人有良好的社交，也很难融入社会系统，这是他们的第二个状态。

第三种状态我们称之为"乱"，没有办法走出青春期的人，情绪化一般都很明显。我们在处理个案的时候，发现有些家长自己都没有走出青春期，不能稳住自己，跟孩子形成对立关系。

当青春期的孩子遇到问题的时候，他内心最需要的是别人的支持、接纳、理解，可是只有心智成熟的人才能做到支持、接纳、理解别人。所以我们经常让没有走出青春期的家长们先稳住自己的情绪。

青春期是一个非常独特的时期，它可以让孩子变得更好，也可以让孩子变得更糟。此时，父母要读懂孩子在不同年龄段的不同心理。比如说0～1岁，孩子希望爸爸妈妈及时回应他，希望爸爸妈妈能支持他的想法，让他获得安全感。

孩子1～3岁的时候，希望爸爸妈妈允许他自由地探索这个世界。这个年龄的孩子犯错误的时候，爸爸妈妈一定要尽快原谅，让孩子有足够的勇气去面对生活中的各种挑战。

孩子3～6岁的时候，希望爸爸妈妈允许他按自己的想法去做事，而不是告诉他："你错了啊，你知道你错了，你还要这样干吗？"因为这样会让孩子有羞愧感。父母不能让孩子犯了错误后产生羞愧感，而是应该让孩子无羞愧感地走出错误，那样孩子才能更勤奋，才能有探索这个世界的勇气。

这里我想提提在蒙特梭利教室里的孩子们，他们很幸运。这里的每一个教具都自带错误控制，而且不会有成年人在旁边"数落"孩子做错了。科学的蒙特梭利教育让孩子自我探索、自我发现，强烈建议有条件的家庭，让3～6岁的孩子能走入蒙特梭利教室度过这一重要的阶段。

孩子6～12岁的时候，希望能够通过自己的努力获得社会的认同。父母要让这个阶段的孩子形成能够坚定自我的力量，也就是自尊感。

虽然我们不能保证孩子在每个成长阶段都没问题，但是青春期能帮助我们修复这些问题。所以一般青春期出问题的孩子，比如有抑郁症、焦虑症、厌学等问题的孩子，是可以改变的。换句话来讲，前面的这些问题要在青春期把它们翻过来，所以青春期的孩子出现问题一点都不用担心，停下来解决问题，顺便把以前没有给孩子的东西补足给他。等到补足之后，孩子自己能走出来了，也就成熟了。

因此，青春期有两大重要的使命，第一个使命面向未来，第二个使命弥补过去。比如他理解了爸爸妈妈也不懂的原因，是因为爸爸妈妈的爸爸妈妈就是这么教育他们的，理解后自然会跟父母和解。

这样的孩子，才会更严格地要求自己，认为必须要靠自己，靠父母是不行的，父母这一辈已经精疲力竭了，自己要更努力一些。所以，走出青春期的孩子都非常自强。

可见，我们不能白白浪费这一段好时光。如果你在孩子0～1岁的时候，没给孩子足够的安全感；在孩子1～3岁时，没有让孩子对世界充满信任和希望；在孩子3～6岁时，没有让他感觉自己是努力就能有结果的孩子；在孩子6～12岁时，没有培养他的自尊感，那么就请你在孩子青春期时让他翻盘。

青春期，对于孩子是特别重要的时间段。他会在此时完成他的社会化的初步演习。他的逆反行为如果没有解决好，未来就会在更大层次上逆反。如果他在家里找到了解决自己逆反心理的资源，让自己从冲突变成统一，和父母和解，那么他在未来所有产生矛盾的地方都能找到合适的自我定位。

所以在青春逆反期，如果孩子不存在逆反行为，才是孩子生命里危险的事情。

力量加油站

当管不了孩子时，先管好自己！放手也是一种教育。

这一切都是暂时的，相信下一刻会往更好的方向发展。

持续成长：你可以前进，也可以放弃

我们每个人都面对着两个充满不确定性的世界：内心世界和外部世界。内心世界的不确定性，体现为总是没有准备好，比如知识不够、智慧不够、经验不够、理性不够、时机不对等。外部世界的不确定性，比如未来模糊不清、经济形势下滑、变化太快、一腔热血却不一定能换来相应的回报等。

也有人辛辛苦苦在一个领域好多年，突然发现所在领域的游戏规则不知何时已经有了天翻地覆的变化。所以什么才是确定性？在真实的人生场景里，我们面对的事情几乎都是充满不确定性的。与其向外东张西望找答案，不如打好我们手上最大的那张牌——自己。

如何打好自己这张牌呢？我们先说说内心世界的不确定性。我们的想法随时随地有波动是很正常的，那么我们怎样让自己的内心持续有安全感呢?

第一，相信自己能够持续成长

这里我要提到一个含金量很高的奖项：一丹奖。这个奖项由腾讯的联合创始人陈一丹创办，只针对教育，其奖金为3000万港元，还会颁发一枚纯金奖牌。这金额几乎是诺贝尔奖的3.5倍，而首届"一丹奖"颁给了斯坦福大学教授卡罗尔·德韦克。

德韦克教授获奖课题就是探讨固定型思维模式和成长型思维模式的区别。

具有成长型思维模式的人认为，所有的事情都离不开个人的努力，这个世界上充满了那些帮助我们学习成长的有趣挑战。而具有固定型思维模式的人则认为自己的智力和能力被确定了，不会变化，别人的评价就是给自己下结论。他们很在意外界的评价。他们重视的并不是事情本身的乐趣，而是要获得别人的认可。

当我们拥有成长型思维时，会相信我们的基本能力是可以通过努力来培养的，而这种思维模式让我们在遇到人生重大挑战的时候，依然可以茁壮成长。我们要想缓解焦虑，给自己确定感，最重要的是从固定型思维切换到成长型思维。

有固定型思维的人，遇到一个问题或者挑战，往往会觉得孩子天性如此，比如我家孩子数学就是不行，我家孩子就是天生内向。而有成长型思维的人，遇到问题的时候会觉得这只是一个暂时的坎儿，未来总有解决方案。

所以我们要用心思考，我们的想法是在限制我们的发展，还是在鼓励我们的行动。《终身成长》这本书当中，有一个小测验，可以了解一下我们属于哪种思维模式。

回答以下关于智力的问题，阅读每一条并判断同意与否。

1. 你的智力属于你比较基本的特质，很难做出很大改变。

2. 你可以学习新事物，但你的智力水平是无法改变的。

3. 无论你的智力水平怎么样，你总是可以大幅改变它。

4. 你什么时候都可以对自己的智力水平做出根本性的改变。

问题1和2属于固定型思维模式，3和4则属于成长型思维模式。你更倾向于哪种思维模式呢？你可以是两种思维模式的混合，但是大部分人都倾向于其中一种。当我们了解了自己后，就可以慢慢去做出改变。

第二，接受"做不到"的部分，活好自己

在改变中，你会发现很多事你真的做不到，比如"我做不到不和他吵架""我做不到生气了不对孩子发脾气""我做不到天天给孩子高质量的陪伴""我做不到天天督促孩子学习""我做不到总是关注孩子的感受"……

我们总被外界鼓励要去"做到"怎样怎样，但是"做不到"的部分，不仅需要被你看见，而且需要大智慧。

英国精神分析师温尼科特说妈妈做到good enough（足够好）就可以了，不必做到完美。一般的育儿书倾向于把它翻译成60分的妈妈，刚好够及格。这样的翻译既表达了妈妈刚刚好的部分，也清晰地允许了40分的不够好。在育儿这条路上，我们都想把自己修炼

成为一个更好的妈妈，少发脾气、少吵架、少给孩子贴标签，但实际问题是很多时候，我们做不到。

我们吼了孩子之后，总会觉得是自己做得不好。曾奇峰在《曾奇峰的心理课》中曾这样说："追求完美的妈妈向外呈现的，不是那个有'瑕疵'的、鲜活的自己，而是一个被伪装的、虚假的自己，这使孩子无法通过妈妈的'镜影'，看到真实的自己。"

如果我们一直活在面具里，让孩子看到的永远是一个伟大的妈妈。对于这样的妈妈所提出来的要求，孩子很可能用更多的情绪、更多反抗的动作来对抗妈妈对自己的完美要求，比如身心疾病以及人际功能方面的障碍。

如果你能接纳自己的不完美，承认自己刚够60分，你就是放弃了对做得更好的追求，不需要通过自己的完美来得到孩子的爱、老公的爱，因为你完全能够自立，自己需要的自己可以给，自己可以面对自己的缺点、面对自己的不堪。不用向谁去证明什么，也觉得自己很好。当我们好好感受时，会发现缺的40分有无穷无尽的妙处。

缺的40分，其实也是我们和孩子之间的距离。温尼科特曾将其描述为"母婴间隙"，而这个间隙等孩子长大之后就会改名为"自由"。

生命的价值在于有选择的自由，但是我们会经常忘记这一点，忍不住替孩子选择。一个经常做选择的孩子，他的生命力是汪洋恣意的，会有挫败，也会有成就，孩子会感受到自己的生命是丰富多彩的，最重要的是，这是自己选择走的路。但让我们试想一下，一个妈妈和孩子之间没有任何距离，那会是什么样的一种状态?

这样的孩子成年之后会活在妈妈的掌控中，什么事都会问妈妈，听从妈妈的安排。这样的人我们称之为"妈宝男"，他以妈妈的意志为主，在他的人生当中，看不见自己的存在。

这40分的缺口是孩子与妈妈的距离，这个距离也为其他人的介入提供了一个更好的入口，比如说爸爸、老师、同伴。当一个孩子的世界里，有更多人存在时，他的世界才是完整的，他的心灵也会变得浩瀚无边，这才是真正的完整与美好。

这40分的距离也可以是其他各种领域的创造力的所在。很显然，我们很难在各个领域都做到完美，那么这些不完美就会让我们去寻找各个领域的资源，让更多的人来到孩子的生命里，让孩子体会到生命的多样性。

你可以持续进步，也可以保留自己的不完美。这样你才可以允许这两件事同时发生。美国作家菲兹杰拉德曾说："同时保有全然相反的两种观念，还能正常行事，是第一流智慧的标志。"

分享一个小故事。海水哭着说："水往低处流，我怎么可能登上喜马拉雅山？"

风对海水说："你自认为是海水，山便是你无法挑战的目标。"

海水问："那我应该怎么做，才能登上喜马拉雅山？"

风回答："其实你不只是海水，你还可以化成水蒸气上升到空中变成云，再借着我的帮助把你吹到喜马拉雅的山顶，再变成雨降落而后变成雪，于是你便能抵达喜马拉雅山顶了。"

唯有放下偏执的"自我"之困，才能看见每一个生命的无限可能。

04

> > > >

幸福力：

实现内圣外王的重要力量

自我关系大于亲密关系，亲密关系大于亲子关系，亲子关系大于亲子教育。

情绪：大脑控制不了情绪，是因为你不了解这件事

经常有学员问我："铃铃老师，我该怎么样控制自己的情绪呢?"情绪的产生与我们的大脑是相关的，要回答这个问题，首先要了解一下人类大脑的系统思维模型。

美国神经系统科学家保罗·D.麦克莱恩，在1960年提出"三位一体大脑假说"，又叫三脑理论。根据这个理论，我们的大脑被分成三个不同的功能区间。

第一个区间是"本能脑"，主管本能。3.6亿年前，地球进入爬行动物时代，爬行动物为了适应陆地生活而演化出最初的本能脑。要知道，发展越早的部分，功能越强大。本能脑包括脑干和小脑，它是人的原始大脑，控制人的睡眠、饮食、繁殖和自我保护等生存本能，以及享乐等几乎所有的欲望。

第二个区间是"情绪脑"，主管情绪。情绪脑也称哺乳脑和边缘系统，包括下丘脑、海马状突起和杏仁核体，控制人的情绪、情感和长期记忆，它是表达感受和情绪的感性中心。情绪脑更多的是积极的情绪，例如我们的好奇、兴奋、探索，基本上都受情绪脑控制。

情绪脑会让你动起来，所以当一个人的本能脑安静的时候，他的情绪脑就活跃了。而如果这个情绪脑活跃，那么获得多巴胺的可能性就会增大。但是如果本能脑感受到危机，那就麻烦了，因为越早发展的大脑部分，功能越强大。本能脑传递的负向神经递质，比如肾上腺素、皮质醇，会迅速掌控大脑，你就会沉浸在负面情绪里。

第三个区间叫"理智脑"，主管认知。它包括左右两个脑半球，控制思维、逻辑、语言、想象力等所有的"高级"功能，它是理性中心。

大脑的这三个功能区间各有分工，各司其职，你想用掌管理性的理智脑控制掌管感性的情绪脑，就"越权"了。理智脑虽然高级，但是比起本能脑和情绪脑，它的力量实在是太弱小了。为什么呢？本能脑有近3.6亿年的历史，情绪脑有近2亿年的历史，而理智脑的出现只有250万年不到。如果把本能脑比喻成一个100岁的老人，情绪脑就是一个55岁的中年人，而理智脑只是一个不满1岁的宝宝。由此可见，在三个脑中，本能脑的功能是最大。

更重要的是，本能脑在婴儿时期就发展完善，情绪脑要等到青春期早期才趋于完善，而理智脑要等到成年早期，也就是25岁左右才能发展成熟。所以人生的前25年，我们总是呈现出情绪化，心智幼稚不成熟就是这个道理。

讲到这里，前文问题的答案便呼之欲出了。所有负向的神经递质都是从本能脑里面出来的。所以一旦我们产生了负面情绪，让我们本能地感受到了生存有危险，本能脑产生的负向神经递质会迅速取代情绪脑掌控大脑。在本能的驱使下，情绪便难以控制了。

为什么我们懂那么多的道理，却依然过不好我们的人生？因为我们在生活中做的大部分的决策，往往源于本能脑和情绪脑，而非理智脑，这是我们的天性。本能脑和情绪脑的基因是由生存压力塑造，天性注定了我们目光短浅、即时满足，这是因为本能脑和情绪脑主导大脑的决策。

有个孩子在我这里做天赋测评，曾跟我聊到他学习物理的感受。他说："你知道一上物理课就要被提问的感觉是什么？每次一上物理课我就开始冒汗了，可我做物理的预习是做得最仔细的。后来，我干脆放赖，我发现我放了两次赖，老师再也不问我了。当我真的开始对物理放赖的时候，我物理也就学不好了。我要是那个时候物理稍微好一点，我就去考理科了，也不会去考文科了。"

物理真的那么难吗？其实物理大部分的难都是因为我们以为它太难了，自己一定学不好。你想想一个认真负责任的孩子，本能脑天天提醒你是学不好的，多痛苦。

我在欧洲的一些国家学习、参访中发现，很多学校在小学阶段是不会让孩子考试的，更不会出现排名的现象。所以为什么在12岁之前尽量不要评价孩子，因为比来比去，比的都是本能脑。

什么时候理智脑才工作呢？12岁以后。不要指望孩子小学阶段理智脑就工作了，其实孩子整个小学阶段都是本能脑加情绪脑主控的阶段。

如果在这个阶段里面，你把他的本能脑保护好，让他学习有安全感，对学习不焦虑、不害怕，他就会稳稳地进步，你也会很安心。

怎么做呢？

化繁为简，用减法策略让本能脑觉得安全。

比如背诵，按照加法方式背诵。要背的东西按加法的方式来背，不要让孩子一天把它背下来，用一周。哪怕孩子就背一首诗，也用一周来背。

早上只背一句，读十遍。中午读十遍，晚上读十遍，就读这一句。等到第二天，再加第二句，上午读十遍第二句，下午读十遍，晚上读十遍。第三天，第一句、第二句连着读。第四天，主攻第三句。第五天，主攻第四句。

这样做，虽然孩子没有背，但是他会了。而且这种记忆还是一个长期储存记忆的方式，再带点画面、韵律，孩子会记很长时间，想忘都忘不掉。这个就叫化繁为简。

一定要给孩子化繁为简，减就是最好的效率。一旦把事情复杂化，就会与"效率"二字背道而驰。

我一个教授朋友分享了一个故事，说的是她在公园里面看到有个孩子在背一篇文章，类似写秋天的。文章大概分为三段，第一段描写风景，第二段描写人物的一个事件，第三段抒情。描写风景的第一句话是"秋天金黄色的阳光洒满大地"。孩子读了十遍，每次都是完整读一篇课文，可背的时候第一句还是忘了。

孩子妈妈就说他："你看你都搞了半天啦，怎么都记不下来？"我的朋友看着实在受不了，说："公园很嘈杂，你就让孩子背第一段吧，后面两段咱就不背了，好不好？"那个孩子可怜巴巴地看着妈妈，妈妈讲："那你就背第一段。"孩子就背了第一段的四句话。背完了，过一会儿，妈妈问："会了吗？""会了，第一段好不容易会了。"孩子已经读了好多遍，而且他越读越烦躁，因为他害怕背不下来，妈妈的火气更大。

所以不要触动孩子的本能脑，一触动，本能脑会让孩子产生紧张感、焦虑感，情绪脑就会受阻、混乱。本来情绪脑是积极支持理性脑去解决问题的，你看我们都是带着好奇感、兴奋感去解决问题的。可是情绪脑一旦乱掉了，理性脑就可能没有那么灵光了，而我们大部分的理性脑不灵光，都是因为情绪脑干扰了本能脑。

成长，就是克服天性的过程。如果你不认识三重大脑，你只能靠着天性和感觉野蛮生长。但是现在，你已经重新认识了自己的大脑，能不能踏上主动觉醒和科学养育的道路全看你的选择。要让自己的理性脑变得更强，就需要去训练它，因为大脑和肌肉一样，遵循用进废退的原则。

如果你能经常反思自己，思考问题，那么理性脑会占据上风。

可如果一直让理性脑去工作，不调动本能脑和情绪脑，成长也会极为痛苦。让理性脑变强，并不意味着就要去打败本能脑和情绪脑，事实上也打败不了，因为这三个大脑三位一体，缺一不可。

本能脑拥有强大的运算能力，情绪脑拥有强大的行动能力，这都是理性脑解决问题的宝贵资源。上天赋予理性脑智慧，是为了让它驱动本能脑和情绪脑工作，而不是为了取代它们。

所以，保护好本能脑，调动情绪脑，运用理智脑，三脑一体，重新开始迭代自己。

力量加油站

曾经有一位阿拉伯学者做过一个心理学的情绪实验，他把刚出生的两只羊分别放在不同的环境中生活，一只散养在草原上，每天可以自由快乐地奔跑，另一只则被拴在一个木桩旁，并且在它的旁边拴了一只狼，狼并不能吃到这只羊。

一段时间后，自由散养的那只羊成长得非常健康，而被拴着的那只羊却死了，它不是被狼吃掉的，而是因为每天面对凶恶的狼，根本无心进食，最后因为过度焦虑而死亡。

冯唐曾说他管理情绪的实践方式要有"觉"，觉悟的觉，意思是只要觉察到生气就是自己输，对待任何人都一样，只要觉察到自己生气，就是自己输了。有觉察，才能去改变。

家庭系统：两大常见矛盾的解决之道

心理治疗师萨尔瓦多·米纽庆在《家庭与家庭治疗》中说，解决一个复杂的问题就是解决几个关键点，找到了，解决了，一切问题都解决了。就像我们经常讲的纲举目张，抓主要矛盾的主要方面，就可以带动一切。因为主要矛盾决定事物的走向，主要方面决定事物的性质，所以只要抓主要矛盾的主要方面就能把事情办好。

米纽庆是一个家庭系统治疗师，他认为家族系统是由多个子系统构成，这些子系统出现的问题，都是系统问题，作为家庭成员，一定要学会聆听家庭系统的声音。下面，我们一起探讨一下家庭中常见的两种系统问题。

1. 纠缠的系统

什么叫纠缠的系统？就是家庭成员太紧密了。孩子的什么事你都想知道，这就是纠缠。纠缠一定会造成困难。所以不要总想着要了解孩子的所有事情，不要孩子的任何事情都过问。你总想跟孩子沟通，关键是孩子想不想跟你沟通。

比如说面对孩子的考卷，我们总喜欢跟他分析说："来来来，看看啊，这个地方会的呀，怎么又搞错了？我都知道你平时做作业，这个地方是会的，你肯定了解。"这样的分析看似仔细，可是能给孩子带来什么呢？只会让他停止思考。

所以有时候，我们对孩子的那种太紧密的介入、贴近式的陪伴，会让彼此都累。

这种纠缠是混乱的，容易让人喘不过气。家庭已经完全围绕着孩子，孩子成功你开心，孩子失败你伤心，孩子的成功就是你的成功，到最后，你为满足自己和心智而做的一切会给孩子带来巨大的负担。

在这种情况下，孩子们做任何事情都会痛苦。有的时候你会发现，你关注什么，你的孩子以后就讨厌什么。

孩子的本能脑一旦害怕你了，他就会产生情绪的混乱，他的理性脑的工作效率就会大大下降。所以请大家警惕这种纠缠的紧密连接，如果自己也是这样，就要松一松。

2. 隔离的系统

比那个纠缠的系统更麻烦的是隔离的系统，因为纠缠时只要把它掰开就行了，情感还在，但是隔离的系统里没有情感。一旦没有情感，就没有权利，权利都是跟着情感来的。

孩子为什么听妈妈的话，因为妈妈对他好啊，妈妈对他好是情感，所以有的时候孩子给妈妈面子，就是权利让步。隔离的系统出现的是妈妈对孩子什么都不去关心，比如说孩子真的遇到问题，来求教你的时候，你告诉他"你自己解决，这是你的事"。

我们经常听到家长说"这是你的事"，尤其在孩子还不能用理性脑来理解这件事情的时候，就告诉孩子这是他的事。例如告诉孩子学习是他的事，孩子心里一定会想"不是我的事，是你让我做的事"。没有哪个孩子会承认学习是自己的事。

学习又不能让他产生多巴胺，他会觉得"学习为什么是我的事，是我的什么事"，所以很多孩子，长大后不想好好学习，就是因为我们把学习这件事过早地变成了他承担不起的事。所以你一定要帮助孩子学习。那么什么时候帮助他学习呢？当孩子有需求的时候。所以你要耐心地等他。

有需求的时候你帮他解决了，就等于在他的本能脑里给他放松，因为所有人都希望自己的大脑有内啡肽，都希望有奖赏自己的东西。这种奖赏，不是你给他的物质奖赏，而是他自己对自己肯定的自我奖赏。"我很牛，我觉得自己很棒"的奖赏感，是每个孩子都需要的。

这是他大脑的神经递质一定要的东西，所以当我们保护他的本能脑的时候，在他发出需求的时候，就代表他的大脑有神经递质的需要，因为他需要有多巴胺。比如老师的夸奖，同学们的羡慕带给他的荣耀感，都会促使他的大脑产生多巴胺。孩子需要这些东西的时候，他就会找你要，而你需要做的就是给予。

多巴胺，是我们所有人的大脑都需要的，孩子怎么可能拒绝呢？只是孩子有的时候要不到了，就只能跑到别的地方去要了。

隔离的系统导致的第一种严重问题叫权利倒置。权利倒置是指处在位置最低的人拥有最大的权利。也就是当孩子拥有最差的判断力、最低的控制力时，他却可以掌控整个家庭的情绪。

权利倒置是怎么形成的呢？大部分是在隔代教养下形成的。因为父母教养一般不太会出现权利倒置的行为。你要管孩子，自然不会放弃自己的权威，但是隔代就会出现权利倒置。

所以，我们在遇到这种权利倒置的家庭系统的时候，第一步就要把权利翻过来。一定要让孩子在孩子的位置上，而你要回到自己的位置上，要想尽各种办法把权利从孩子手中要回来。

要让孩子慢慢知道一家人都是平等的，不能出现权利倒置的状况。教养孩子的过程中，最难解决的就是权利倒置问题。当孩子发现自己的情绪能控制别人的时候，他的情绪就成了他最大的武器。这不是你把孩子的本能脑给控制了，而是孩子把你的本能脑给控制了。

怎么做呢？不能以孩子为中心。比如说有的时候，一家人出去吃饭，首先要问爷爷奶奶想吃什么，爷爷奶奶想吃什么，我们就去吃什么。但是现在我们大部分人都问孩子想吃什么，这就是权利倒置。如果首先问孩子的需要，他慢慢地就觉得他的需要就是天经地义的，是家里最重要的。

所以，当孩子提出一个要求，你不重视的时候，孩子第一步并不是理性地跟你分析，跟你讨价还价，最后妥协，而是先动情绪，去控制你的本能脑。我们有的家长的本能脑总是被控制，担心孩子出事，害怕出现各种各样的问题。

我有个学员的孩子跟妈妈说："妈，我不想去日本留学了，因为日本离家好远。"可妈妈学费也交了，精力也付出了，最后孩子不想去日本了，妈妈就很害怕，就来找我咨询。

我了解后，告诉妈妈"事出反常，必有妖"，孩子肯定有什么要求，借着这个事情想提一提。于是就让妈妈跟孩子说："去不去日本这件事情，你已经拥有完全的选择权了，不行的话我们就跟日本那边的老师说一下，上网课也可以。"

孩子就开始急了，发了好多日本的负面资料给妈妈，继续恐吓她。妈妈说："就直接说吧，你想要什么？"孩子说："不是早已经跟您说过了吗？您肯定都忘了。"

妈妈在想他说过什么，他说："我就是想要那双鞋子。"那双鞋大概要4000多元。他妈妈就想给他买一双便宜点的鞋，妈妈就跟孩子讨价还价，孩子就用这件事情来恐吓妈妈。如果妈妈答应孩子会有什么结果？

孩子下次有别的要求还会想方设法来恐吓妈妈，这就变成了他控制妈妈的习惯了。妈妈说："反正去不去日本都没有关系。我们还可以上网课，你自己做决定啊。鞋子的事情，我认为你还要好好斟酌一下，你想要也可以，正常的鞋子，我给你买，但是你要让我付那么多钱，你拿什么来挣？"

拿什么来挣，就把难题推给孩子了，孩子现在考虑的就不是怎么威胁妈妈了，而是怎么让妈妈服气。孩子就开始说："我最近不是好好地去上课了吗？老师不是反馈我表现很好吗？"

妈妈说："这不都是你应该做到的吗？还有什么理由呢？"孩子说："大不了电脑我不要了。"因为孩子当时想要买一个高配置的电脑去打游戏，但妈妈没有办法，因为电脑是孩子学习必须要用的。

孩子的意思是不要那么高的配置，但是鞋子我是一定要的。孩子背后的需求是什么，为什么要穿那么贵的鞋子？因为那种鞋好炫，造型好炫，颜色好炫，鞋子是去吸引他人注意力的，内在的隐形需求其实不需要鼓励孩子太多。所以妈妈最后鞋子也没买，孩子也乖乖上课了。

孩子经常会用情绪来恐吓父母，孩子的负面情绪很容易让父母恐慌。当父母恐慌以后，情绪就会混乱，情绪一混乱，就丧失理性了，就看不出来问题背后的根本原因是什么了。

隔离系统出现的第二种严重问题是权利丛林法则。在家庭里，如果父母很喜欢做权利斗争。那么，孩子就会学会权利斗争。通常孩子都是最后一个加入这场游戏的，在一开始的时候，一定是选边站，而且孩子喜欢跟着强者，在这个权利的系统里面，跟强者去学习怎么获得权利，然后再加入权利的挑战。

中国古代的大家庭中三妻四妾间充斥着各种各样的权利斗争，都不用教，小孩子从小就学会了。留个心眼，长个心眼，给你还动个坏心眼，自动就学会了。所以，爸爸妈妈千万不要在家里有什么权利斗争。在家里面一定要该负责任的负责任，不该负责任的也不要指望对方。

我们一定要让负责任的一方享受到结果，要不然自己就多承担一些责任。父母的观点如果经常不一致，做选择的时候，更需要谨慎。

孩子小的时候不要鼓励他在班级里争夺权利，班级的权利叫异化权利，班干部本身是有责任的，但孩子更看重的是权利给他带来的控制，而没有看到权利背后必须负的责任。一旦过早地接触争夺权利的话，那么孩子长大后，当他要拥有权利，需要付出责任的时候，他并没有学会怎么承担责任。

所以，孩子进入权利系统最好晚一点。到什么时候孩子可以进入权利系统呢？等到他变得理性，知道要去承担责任才能拥有权利的时候，再让他去进入权利系统。

父母和孩子相处的根本之道是，把伴侣和自己放到一个阵营里，而把孩子放到另一个阵营里，在父母和孩子之间划分清晰的边界。

力量加油站

情绪是我们行为的动力，是我们内心真实想法的表现。

——林肯

亲密关系：跟萨提亚，学习温柔而有力量的沟通

如果你在亲密关系里遇到问题了，通常会怎么解决？也许你会说好好沟通最重要。没错，可是有时候关系不好，再怎么沟通也不在一个频道上。

最好的沟通者，既可以表达自我的观点，又能让他人感到愉快，还能照顾情境。但是大部分人是没有这个能力的。我们下面说一下萨提亚的沟通模式。

萨提亚的沟通模式第一种叫讨好型。讨好型只看重他人和情境，完全失去自我。讨好型的人内心会觉得自己不是一个讨人喜欢的人。所以当一个人去讨好别人的时候，其实是恐惧自己不被喜欢的一种表现。

因为觉得自己不讨人喜欢，对方也不喜欢自己、不接纳自己，

所以就不会在乎自己的感受。这就慢慢地形成了讨好型沟通方式。用讨好型沟通方式与人沟通的人，会贬低自己的价值，缺少对自己价值的认同。

所有讨好型的人，控制欲都极强。因为讨好的过程就是控制一个人的过程，用什么方式来控制呢？用让对方对自己产生依赖感的方式。

讨好型的人不认同自己的时候，会特别渴望能控制别人喜欢上自己。所以，这样的人对他人、对情境响应的目的是你要回报我。但是讨好型的人最麻烦的地方往往是他在沟通的时候不能表达"我需要你"。

讨好型的人表达不出来"我需要你肯定我，我需要你爱我"，所以，慢慢就会对别人产生愤怒和失望的情绪。如果出现了这种情绪，他就会转移讨好的对象，继续他的这种沟通行为。讨好型的人能量始终往外走，内在从来都没有得到过充盈。他的生命状态很不稳，特别容易受到别人情绪的影响。

这种人会尽最大的努力让自己成为最甜美、最乐于奉献、最会拍马屁的人。他把自己想象成一个单膝跪下、摇摆不定、以乞讨的方式伸出一只手的人——而且一定要仰头。这样的姿势会让脖子受伤，会令他每时每刻都感觉头痛。

萨提亚的沟通模式第二种叫指责型。指责型的人，只看重自我，看重情境，但是对别人的需要没有感知。他所有的开头语都是"你"，而不是我们。比如"你怎么不写作业？""要我说多少遍你才懂？"

但是如果我们换一种说法，把主语换成"我们"的话，如"今天我们回家该做什么？""这个事情我们一起来想想看怎么好好地去做"，这样沟通效果就不同了。

指责型的人，人际关系肯定很糟糕，因为越是指责别人、攻击性越强，越会把自己渴望的"他人"推得更远。指责型的人的语言系统，在沟通的时候特别喜欢把问题的原因归咎在别人身上，从别人身上找理由。

指责型的人会把自己的火气直接撒出去，这样的模式背后，其实是非常脆弱的自己。实际上，一个看上去越有力量、越有攻击性的人，内在越脆弱，也就越渴望别人能呼应他的脆弱。可是，他做了相反的事情，别人没有办法来呼应他。更有可能发生的是本来还想来呼应他的人，被他一指责，就不来呼应他了。

指责型的人是一个挑剔的人、一个独裁者、一个高高在上的人。他总是表现得很好，似乎在说："如果不是因为你，一切都会好的。"他的内部感觉是肌肉和器

官的紧绷——与之相伴的通常是血压升高、声音尖利、呼吸急促。

萨提亚的沟通模式第三种叫超理智型，这种模式只看到情境，看不见人。看不到自己的需要，也看不到别人的需要，只看到事情。理智型的人调整的时候会很顺利，因为理智型是很容易带来认知提高的，他们有照顾他人和自己的能力，就是缺了点智慧。

此类人表面上不能表露情感，内心却非常敏感，也不敢去触碰情感。超理智型的人总是非常理性的，常常表现为镇定、冷静、善解人意，他给人一种疏离感，讲的话单调乏味，而且很可能是抽象的。

你可以这样去了解超理智型的人，请想象一下：你的脊柱是一根长长的沉重的钢棒，从臀部一直延伸到颈项，你的脖子上有一个直径为10厘米的铁圈。接下来，你需要维持这样的状态，让身体每个部位的姿势都保持不变，包括嘴巴。你必须努力不让你的手动起来，尽管你可能会失败。

当你的大脑在进行超理智思考时，你的头会无意识地垂下，而你的声音自然会消失，你将全部心思都用在让自己不要动上，并且一直忙于选择正确的措辞——毕竟，你永远都不想出错。这个角色的可悲之处在于，它似乎代表了许多人的理想目标：说正确的话，不显露自己的感受，表现得波澜不惊等。

萨提亚的沟通模式第四种叫打岔型。打岔型的人什么都不关注：不关注自己，不关注别人，也不关注情境。这类人说服别人去关注实际发生的事情以外的事情，在谈话中会表现出不合情理的跳跃，对一切都一笑置之。

如果想要了解打岔型的人，你可以把自己想象成一个失去平衡的陀螺——不断地旋转，但永远不知道自己要去哪里，也不会注意到自己身处何方。你忙着让你的嘴、身子、胳膊、腿动个不停。可以肯定的是，你的话从来不会说到点子上。你会忽略每个人的问题，或将问题转移到自己身上，比如从某人的衣服上取下一块假想出来的绒布，解开鞋带等。

你可以想象自己的身体在同一时刻要朝不同的方向移动：你的膝盖顶在一起，双脚夸张地扭成"内八字"，这会让你的臀部翘起；你的胳膊和手的动作朝向相反方向，这容易引起耸肩。

刚开始扮演这个角色时，你看起来似乎能得到解脱，但过不了多久，可怕的孤独感和无助感会油然而生。不过如果你让自己持续快速地运转，就不会注意到这一点。

萨提亚的沟通模式第五种叫一致性的沟通模式。表里一致的人通常会使用这种沟通模式，它的特点是考虑到自我、他人和情境。

举个例子，你好不容易精挑细选了一件衣服，老公问："你今天为什么穿这种颜色的衣服啊？"讨好型的人会说："那我就换一个颜色，你不喜欢，我就不买了。"因为她内在的价值感低，所以对方都是对的，自己却是错的。

指责型的人会说："要你管，我穿什么要你管，我自己花钱买的，对吧？你又没有给我钱。"这样的沟通就是你是错的，我是对的。

超理智型的人会说："书上说皮肤黄，穿这种颜色的衣服可以让皮肤显白。"你看，你的感受我不注重，我的感受我也不注重。

打岔型的人会说："你看你的白头发又多了，你看这里又有一根。"干脆虚晃一枪，我不跟你谈了。

表里一致型的人会说："这件衣服是我精挑细选的，如果你不喜欢的话，下一次陪我一起挑，挑一件我们两个人都喜欢的。"这就是对自我、他人和情境的回应。

对自我要有回应，这样可以提高自我的价值感，觉得我配得上被尊重，不要永远都觉得自己是错的。同时也要学会尊重他人，当你尊重了他人，觉察到对方的脸色不对时，可以随时终止沟通。

脸色是最好的反馈，对方不想跟你说话了，那你就赶快闭嘴。在表达的时候，先要关注他人，当你关注他人的时候，这个人也就开始有一点愿意跟你沟通了，这时，你才可以抛出一些你的情境，这样沟通就顺畅了。

很多时候，我们在亲密关系里面所形成的误解，都是因为沟通不到位，沟通不到位就会产生一些主观性的判断。与孩子也是一样的，当孩子觉得跟你没得讲的时候，你心里还有好多要讲的，只是不知道该怎么讲了，这个时候你就会产生偏见。

所以，我们与人沟通先要照顾到他人的需要，然后还要表达我们的需要，最后就能回归客观理性的沟通，真正地解决问题。可见，沟通的后半程一定要回到客观理性，靠情感不行，因为都是本能脑在主导，情感脑如果不能支持理性脑，情感脑只能是捣乱。所以一定要让情感脑让位，让理性脑出来解决问题。

当一个人开始愿意听道理的时候，一切都好办了；当开始听逻辑的时候，就会付诸行动。但是在这之前，我们还要让自己好好地去觉察。

一个好的家庭系统之间应该有独立性，孩子的系统，父亲的系统，母亲的系统，各自要有独立性，既不能纠缠得太紧密，也不能隔离得太远。这个过程，需要我们用萨提亚的一致性沟通，来找到那个合适的位置。

只有不断地优化沟通方式，才能知道哪个位置让你最舒服，远了就不舒服，近了也不舒服，就那个位置最舒服。你舒服了，周围的人也都舒服了。但是如果在这个过程里没有像萨提亚这样去倾听系统的声音，用沟通的方式感知他人，我们可能永远都没有办法找到让我们舒服的位置。

而那个位置一旦找到，按照中庸的说法叫作"不勉而终"，意思是你不需要勉强自己付出很多努力，就可以在那个地方稳住。这样的话，跟孩子、老公的交流就特别放松。

力量加油站

萨提亚的《当我真的有爱时》节选：

当我真的有爱时
我会在你说话时凝视着你
我试图理解你在说什么，而不是在准备怎样回答
我接纳你的感受，听到你的想法，看见你的灵魂

当我真的有爱时
我倾听并选择放下防卫
我听见你了，并且对于对与错不加评判
当我没听懂时，我还请你澄清我没有理解的地方

当我真的有爱时
我允许你深深地触动我，即使我可能会因此而受伤
我告诉你我的梦想、我的希望、我的受伤，以及什么能带给我喜悦
我还跟你分享我在哪里失败了，在哪里我觉得做得还不错

当我真的有爱时

我跟你一起放声大笑

但有时我也会幽默地嘲弄你一番

我会跟你谈心，而不是对你训话

当我真的有爱时

我会尊重你的空间，而不是强行挤入

我会在你的界限周围徘徊，或后退几步

直到你感到舒服地让我进入为止

我不会强迫你说出心中的秘密

我等待，直到你自己选择暴露它们给我

感恩：婚姻，是成长的"第二座山"

　　曾经有对夫妻来找到我咨询婚姻问题，两个人说了很多对方的缺点。老公指责妻子老是依赖他，让他觉得很累，妻子则抱怨丈夫不能体会自己的感受，让她很疲惫。丈夫做天赋测评，测出来是逆思型，确实特别爱挑刺。

　　我当时请这位男士回想一下上一次是怎么夸奖妻子的，他当时就愣住了，因为他回想不起来上一次夸奖的语言，说明他已经好久没有夸奖过妻子了。在给这对夫妻做完分析和解读之后，我就给他们布置任务：要互相欣赏，每天感谢对方三次。

　　因为外在行为是内在世界的投射。感谢对方看似是外在行为，实则是内在世界的改变，只有内在将心态调整到感恩模式，才会有感恩的行动。值得庆幸的是，一旦你拥有了感恩的心境，它就会伴随你穿越一切顺境和逆境。

这对夫妻回去后真的践行了。再遇见他们是大半年之后，他们又来听我的讲座，那时他们已经是手牵着手，充满了恩爱。的确，我们在婚姻里要经常表达赞赏与感谢。爱不是索取，而是付出。

回想一下，你曾把爱用完过吗？当你通过语言、亲吻、触摸、拥抱来表达对老公的爱时，你的爱会减少吗？你拥有的爱和爱的能力，会因为表达爱意而减少吗？不会，事实上如果你仔细觉察，你拥有无穷的爱，而且每次你表达爱的时候，你会发现你表达和接受爱的能力其实是只增不减的。

所以当你持续表达赞赏和感谢的时候，情况也是一样，你表达、接受赞赏和感谢的能力也会只增不减。这里面包含着三层意思：

第一层是赞赏和感谢自己的存在和做的每一件事。

第二层是赞赏和感谢对方的存在，以及你和他做的每一件事。

第三层是赞赏和感谢来到你生命里的一切事物。一切为你而来，一切为你而发生。

晚上睡觉前闭上眼睛，告诉自己"我是一个非常美好的存在，本身就拥有无穷的爱，能不断给予自己和别人爱"，想想当天做的每一件事情，不管是好的还是坏的，都给自己一声赞美。想想爱人做的每一件事情，包括他的存在，去感激和赞美。《你值得过更好的生活》中说，要注意的是向自己表达赞赏和感谢的时候，说什么话并不重要，所说的话让自己产生的内在感受才是关键所在。

当你越来越多地使用赞赏和感谢时，你就会启动赞赏和感谢的无限循环。可以试着跟老公说："老公，有你真好，我运气怎么这么好，感恩你来到我的生命里。抱怨是我们内在匮乏感的反应，而赞赏和感谢是我们对创造的回馈。"

《越书写，越明白》的作者马冉冉老师就喜欢搜集在生命里所有好的回应。她说，从日常生活里、书上、电影中收集看到的、听到的好的回应，抄写在本子上，体会、内化成你的语言，下一次就能自然流淌出来。

来试着感受这些句子：

"不管怎样我都爱你。"

"我会陪你一起面对。"

"你对我真的很重要。"

"你是我的骄傲。"

"你怎么能这么棒呢？你为什么生活得这么精彩呢？你怎么天天有好主意呢？"

"像你这样出色的男人，无论在什么地方，都像漆黑夜空中的萤火虫那样发光、那样出众。"

在婚姻里，我们不只是欣赏对方的优点，也要拥抱你不欣赏、不喜欢和不爱的部分。如果你觉得不喜欢、不能接受，那是因为你一直在排斥，所以它们才会一再出现。我们必须学会生活的艺术：将那些不被爱的蜕变成爱。只有这样，婚姻才能成为你个人成长的"第二座山"。

什么是"第二座山"呢？戴维·布鲁克斯在《第二座山：为生

命找到意义》中认为，人要爬两座山，第一座山是自我之山，我们希望实现自我，希望自己越来越成功，越来越厉害，要实现自我获得幸福。第二座山却是关于别人的，是关于失去自我的，你为了别人或者为了某个使命，而宁可失去自我，甘愿默默奉献。专注于第一座山的，未必能想明白为什么要爬第二座山，但是不断寻找生命意义的你终将会明白拥有第二座山的意义。

布鲁克斯认为结婚和使命召唤是一样的感觉，不是你的大脑想不想结婚的问题，而是心和灵魂觉得已经不得不结婚了，而维护婚姻也和为某个使命献身一样，是改变自我的过程。婚姻是两人的关系与每个人的自我之间的斗争。

我们多数人的婚姻是陪伴性的，没有什么戏剧性，也没有太多激情，双方比较自由。现实是不论对方有多好，婚姻也会限制我们的个人自由，比如说固定的生活场景、照顾好孩子的日常起居和学习。不管我们做什么，身边总会有一个人对我们进行各种评判，婚前你可能感觉不到自己的缺点，而婚后你所有的缺点都暴露在对方的火力之下。

你以为你的性格温柔可人，但其实你的脾气很急，没有耐心。你以为你爱老公、爱孩子，但实际上你经常扮演受害者的角色，总是在抱怨，很少关心对方的感受。婚姻就像一面镜子，照出你所有的不堪。这就是婚姻对你的教育。

怎样才能在婚姻里获得幸福呢？不是要取悦对方。韩国人气作家南仁淑在《婚姻决定女人的一生》中说："结婚以后，你若只依靠老公对你的感情，就跟只做他的宠物没什么区别。虽然家里人会宠爱这个宠物，但是家里人不会听宠物的意见，有时家里来了客人，宠物就会被关在房间里，甚至某天主人不喜欢了，宠物就会被丢弃在街头。"

你要改变自己，变成更好的人。在婚姻中，你要做的不只是被爱，更需要去爱、去付出、去奉献。婚姻就像一个职场，你必须为组织做出贡献，才会受到尊重。可能有人会说"他对我都这样了，我还爱吗？"这样说还是从索取的角度去爱，等待被爱，会很辛苦。给大家分享两位女性的故事，先说第一位张兆和。

张兆和是沈从文的妻子，沈从文写了几十封情书给她，写了整整4年，她才和沈从文在一起。

张兆和被沈从文这样热烈地爱着，照讲婚姻生活应该是很幸福了吧，被宠被爱不就是大多数女性渴望的吗？可现实是什么呢？他们新婚不久，沈从文的母亲病危，他回故乡凤凰探望母亲，在船舱中给远在北平的张兆和写信道："三三，我一个人在路上看什么，总想到你。"

他当然会想张兆和了，这种人生脆弱的时刻，他多想张兆和能陪他一起去看望病危的母亲啊。可张兆和坚决不去沈从文的老家，直到沈从文八十几岁，才陪他回了一趟湘西。抗战爆发之后，沈从文随学校转战西南联大，张兆和却决定留在北京。

两地分居的日子里，沈从文思念妻子，开始一次又一次地写信。一开始沈从文在信里诉说着相思，劝说妻子带着孩子南下和他一起生活，但是张兆和在回信中指责沈从文，说他过去生活奢侈不知节俭，弄得现在的生活很狼狈。

张兆和在这段婚姻里面一直都是被爱或是等待被爱的状态，就像一只高傲的白天鹅，放不下自我，一生都不愿意走进沈从文的内心，也不让沈从文走进她的内心。沈从文后来精神出轨，张兆和赌气离开，沈从文知道犯错，开始给她写道歉信，她一直不原谅，到老才又回到沈从文身边。他们就这样过了一辈子。

张兆和本来手握一手好牌，却因为沉浸在自我感受中，用受害者心态把婚姻这张牌打得无比悲凉。

我们再来看看杨绛的故事。杨绛的爱人钱锺书，虽然是大学问家，但是他在处理日常生活琐事的时候经常抽手笨脚的。杨绛怀孕住院的时候，钱锺书有一天去照顾，结果苦着脸对杨绛说："我又做坏事了，我打翻了墨水瓶，把房东家的桌布染了。"杨绛没有生气，反而安慰他："不要紧，我会洗的。""可是那是墨水呀！""墨水也能洗的。"当钱锺书不小心砸了台灯，甚至把门也给弄坏了的时候，杨绛说："我会修的，不要紧。"

杨绛还说："我这一生最大的功劳就是保住了钱锺书的淘气和那一团痴气，让钱锺书的天性没有受到压迫，没有受到损伤。"杨绛没有要求钱锺书像她一样处理好日常事务，而是不断地为钱锺书打点好生活的点点滴滴。

良好的婚姻，两个人都必须失去一部分，把自我让位给婚姻关系，才是美满婚姻的秘密。当你愿意去付出爱、去贡献爱的时候，婚姻就成了你的第二座山，你在践行誓约的过程中慢慢改变自己，变成了一个更好的人，感受到内心的喜悦。

布鲁克斯认为爬第一座山带给人的幸福感是有限度的，你的人生为什么东西而去拼搏呢？很多时候我们都会一边奋斗一边迷茫。但其实每个人都有第二座山，比如说你正在跟老公吵架，这个时候，孩子突然闯进来了，你知道当着孩子的面吵架对孩子不好，所以你就按捺住自己的情绪不说话了。这时候的你是主动选择第二座山。

第一座山，讲的是个人自由；而第二座山，讲的是责任承诺和亲密关系。第一座山，讲的是获得快乐；而第二座山，讲的是获得喜悦。快乐是变幻无常、稍纵即逝的，喜悦却是深刻和持久的。快乐只是简单的感受，而喜悦却能改变我们。

要想拥有美满的婚姻，夫妻要对彼此心存感恩，既有给予，也有回馈，而感恩之心就是在人格建立的过程中慢慢形成的。

力量加油站

越感恩越幸福，越感恩越富足。

直面恐惧：让恐惧流动，把爱分离出来

很多妈妈和我分享过她们人生中的至暗时刻。有的在原生家庭中受伤，有的在亲密关系中受挫。在诉说故事的同时，她们也在疗愈自己。因为社会学的镜子理论告诉我们，我们都是社会的产物，所以我们认识自己时，需要透过关系的映射。如果不透过关系的映射，我们就很难看清自己。

在她们讲故事的过程中，我会发现在她们的内在，总会有一个批评者的声音挥之不去，就像弗洛伊德说的超道德规范的"超我"，总是在压制"本我"。曾经有位妈妈跟我分享她的故事：

曾经有段时间忙于一个项目，从早忙到晚，忙到家里很多事情都顾不上。迷茫的时候，身边的强人总会给我建议。那段时间，我老觉得自己不行，所以在慕强心理的作用下，我更能听进强人的建议。

那段时间自己连轴转，内心缺乏力量，后来结果打脸，项目投资失败，钱也收不回来，所有的精力和投资都付之东流。我那个恨啊，我这么努力，却越努力越被困。那个时候我就在想，为什么我总是听别人的而不听自己的呢？为什么我不相信自己呢？为什么我总觉得自己不行呢？

这种体验感让我想到了小时候，因为吃饭不知道挨过妈妈多少次打，妈妈一看到我吃得慢或者是边吃边玩，就用筷子敲我的脸，揪我的耳朵，或是甩我一巴掌，我常常边哭边吃饭。吃饭对别人而言是快乐，对我而言却是痛苦。每次一到吃饭我头皮就发麻，有时候吃不下去，我哭着问能不能不吃了，可是妈妈说不行，必须得吃。有时候我边哭边吃，哭到吐，吐了嘴巴擦干净后还得吃。

我奶奶为此跟我妈吵过很多次，不管用。我所有的亲戚都知道我因为吃饭挨打，他们很多人也劝过我妈妈，但是不管用。因为妈妈觉得吃饭要有吃饭的规矩，而且多吃对我长身体有好处。妈妈从来不管我乐不乐意、开不开心、能不能吃得下，反正每餐两碗饭。慢慢地，我就把饭含在嘴里，长时间不动，结果还是被骂。

到了初中，我趁着妈妈不注意的时候把饭倒进马桶里，然后迅速冲掉，假装自己在上厕所。我用这样的方式来保护自己，也是我对抗妈妈的方式。在家里什么都要听她的，我的感觉是什么一点都不重要。和妈妈在一起的时候，我只想逃离。我的感觉被妈妈的声音蒙住，我听不见自己的声音。

我小时候一直被批评、被打压，我表面顺从，而内心对抗。后来我才知道对抗别人声音的同时，也会对抗自己的声音，我发现我也在不断地攻击自己。

我们每个人最初都是活在自己想象的世界中，然后在原生家庭这个过渡空间里去竞争、去合作。接下来我们迈入真实的世界，有了自己的生活空间和工作空间。这些过程都是淬炼心性的过程。

一位心理咨询老师说："如果你在不断要求听话的家庭长大，那你需要知道，每一次听话对你的感觉而言，都是一次远离，甚至是对你的生命力之流的一次攻击。严重的时候，你会有被切断的感觉。如果总是发生这种被切断的情况，你内在的感觉就很难是连续的，这时你就会在头脑和思维的世界里寻找连续的感觉。可是你的头脑也常塞满了父母和权威塞给你的纸条，你不能很好地找到自己的声音。"

痛苦本身不是成长，对痛苦本身的反思才是。在亲子关系中，分离是一个永恒的主题，我建议她在心理上先与妈妈分离。我知道她的妈妈已经去世多年，每次扫墓的时候，她都跟爸爸一起去。

我建议她直面自己的恐惧，一定要一个人去妈妈的墓地，去跪拜，去感恩妈妈对自己的养育。更重要的是，要在心理上与妈妈告别，要和她勇敢地分离，告诉她你想活出自己的人生，不再受她控制。

后来，她发来大段文字，告诉我她后来和妈妈和解了，经她允许，我可以分享这部分内容：

"终于，在2020年一个有阳光的日子里，我鼓起勇气，一个人乘着公交车，来到了公墓的门口。公墓放眼望去，空无一人，只有阳光和婆娑的树影。

"我深呼吸了几次，一个人走进墓地，心里跟自己说妈妈一定在保护我。我穿过一排排的墓碑，找到妈妈的墓碑，跪下来。眼泪先是默默地流，然后放声大哭，哭着哭着那些恐惧全不见了，一边哭，一边看着妈妈，看墓碑上妈妈的眼睛，祈求她的原谅，哭完之后感觉到悲伤慢慢地从心里流淌出去，心底慢慢温暖了起来。我感觉妈妈一直在静静地看着我，感觉妈妈温暖的目光落在我的肩上，我突然感觉妈妈已经原谅我了。

"谢谢妈妈，无论我做得怎么样，谢谢你一直都爱我。父母有父母的人生，而我有自己的人生，就这样一遍又一遍地感受着内心，感受着痛苦，连接着自己。我终于接受了自己的不完美，接受了自己的错误，接受了自己的缺点，接受了自己对自己的攻击，接受了别人对我的攻击。

"慢慢地，我也放下了对自己的攻击，放过了自己。我感觉到了自己对自己的慈悲，这也是我今生的功课。我知道最有能力照顾内在小孩的人是自己，我决定要好好来爱她。我才是那个最重要的人，我会陪着她一辈子，爱她是我的责任。我没有办法依赖任何人，妈妈给不了我的，我就自己给自己爱。一天一天地，弥补对自己的亏欠。"

一切因你而来，一切为你发生。那些悲伤，何尝不是一种深深的唤醒。美国心理学家托马斯·摩尔曾说："悲伤把你的注意力从积极的生活中转移开，聚焦于生活中最重要的事情。当你损失惨重或处于极度悲痛的时候，你会想到对你最重要的人，而不是个人的成功；是人生的深层规划，而不是令人精力涣散的小玩意儿以及娱乐项目。"

是啊，一场大病、一场灾难、一场意外的死亡，都会改变我们的人生态度，使我们明白什么是人生中真正重要的。恐惧常常是在揭示生命的真谛。只有明白这样的道理，我们才不会被恐惧控制，而是从中获取更大的力量。我们也由衷地祝福她通过这次经历，心智成熟了很多，并能够走出"控制"的阴影，与父母和解。

一旦你看清了情绪反应和恐惧之间的关联，你会发现一个秘密：恐惧与你的价值观有关。恐惧有三个层次。

第一个层次：恐惧事情本身。

第二个层次：害怕面对恐惧背后的创伤。

第三个层次：恐惧时内在的投射——缺乏安全感、内在匮乏、害怕不被爱、害怕冲突、自卑。

我们这一代大多都在父母严格的管教下长大，不敢自由地做自己。有了孩子之后，怕孩子生病，怕孩子出意外，怕孩子学习成绩跟不上，怕老师不喜欢孩子，怕孩子长不高……这些无休止的焦虑会传递给孩子，让孩子慢慢没有自信，缺乏自我价值感。

其实，我们可以把恐惧看深一些，大胆面对它、转化它。现在请写下你怕在谁面前失败、难堪，也写下十件令你恐惧、感到自己受局限的事情，然后深究这些恐惧从何而来。

01.

02.

03.

04.

05.

06.

07.

08.

09.

10.

　　问问自己：这些从哪儿来的？让恐惧流动，把爱分离出来。埃及摩西神庙出土的石碑上刻着："当你对自己诚实时，天下就没有人能够欺骗你。"无条件地给予爱和接纳，我们的父母很难做到，但是我们已经长大了，我们已经有了新的力量，是时候学会分离了。

　　痛苦也是一种唤醒，让你不要陷在小我的世界里，而是要把自己放到更广大的空间中，有能力为社会做点什么，活出有力量的责任感。

产道的阵痛是为了迎接新生命的到来，每一份"苦"的背后都有一份礼物等你接收。

幸福的真谛: 幸福的人生不是追求快乐，而是学会避免痛苦

我们的一生会遇到很多痛苦：面临选择时的艰难，美好理想与骨感现实的巨大落差，贫穷时的艰辛劳作，发财后的精神空虚，甚至觉得自己很孤独。这些痛苦让我们在追求人生幸福的道路上磕磕碰碰，转眼人生已过了大半，幸福似乎依然离我们很远。

叔本华在《人生的智慧》中写道：人的一生，不是要去追求幸福，而是要避免痛苦。如何避免痛苦呢？

第一，通过自我暗示，在潜意识里寻找答案

我们先分享艾瑞克森的故事。

艾瑞克森号称是疼痛铸就的催眠大师。他有着怎样的经历呢？艾瑞克森17岁那一年患上了小儿麻痹症，全身除了眼睛和嘴巴以外哪儿都不能动。

可是艾瑞克森通过自我暗示，让他妈妈觉得他能够活下来，并且在3年内，不仅自己站了起来，还靠着一艘船，带了点干粮，畅游密西西比河，这简直就是一个奇迹。那他是怎么做到的呢？他就是通过自我暗示。这里再说个他的故事，大家可以感受一下。

艾瑞克森感染脊髓灰质炎后，妈妈和一名护士悉心照料他，这名护士想出一连串的办法来刺激艾瑞克森的身体，例如热敷、按摩、移动瘫痪的四肢等。

最关键的是艾瑞克森自己的探索。那个时候他已经深信，意识层面的他并不知道该怎样康复，但他的潜意识知道，所以他让自己的头脑安静下来，对自己的潜意识说：我有一个想站起来的目标，请你帮我一个忙，指引我该怎么办。

潜意识果真给了他答案，在全然放松的状态下，他的心中映现出一幅画面：小时候的他，正在摘苹果。

这个画面是真实发生过的事，他儿时的确曾这样摘过苹果，当时他非常快乐，非常享受。最初这个画面出现时，被艾瑞克森忽视了。毕竟，他问的是从全身瘫痪到站起来这么重大的问题，怎么会给一个如此简单的答案呢？

他再次向潜意识发出同样的问题，却得到了同样的答案。这个画面多次重复出现后，他才恍然大悟，原来这就是答案。

于是，在瘫痪的状态下，他仔细觉知这个画面，发现它越来越精细，最终细致入微，无比生动。他的手缓缓地伸向树上的苹果，这个过程似乎被分解成了一系列细小的动作，而他在全然放松又非常专注的情形下，去体验每一个细小动作中手和身体的移动。

几个星期后，这一动作中刺激到的肌肉恢复了轻度的行动能力，它们可以连贯做这一画面中的动作了。这是艾瑞克森痊愈的开始。

接下来，他不断重复这一工作，每当想达到一个康复目标时，他都将自己交给潜意识，请潜意识帮自己一个忙。而潜意识也总是不断映现出各种各样的答案，它们可能是类似摘苹果这样的一个画面，也可能是一个意象，或者是其他，但都指引他达到康复的目的。

在这个康复的过程中，很关键的一点是艾瑞克森深深地懂得，意识或头脑中没有答案，如果他问头脑"我该怎么办"，是找不到答案的；但每当他问自己更深的内在的潜意识时，潜意识总能告诉他答案。

当我们遇到具体困难的时候，比如说在事业中无法获得突破，或者是在亲密关系中悲伤得无法自拔，这个时候我们不知道该何去何从，还不如潜入自己的潜意识深渊。

如何能进入我们的潜意识深渊？全身放松。

催眠时，催眠师会不断引导说，放松，放松……那是让我们放松什么呢？是放松肌肉和骨骼，也就是我们的身体。

催眠大师斯蒂芬·吉利根认为，身体的每一份紧张都和头脑中的一个想法联系在一起，如果身体处于放松状态，那么意识和思维也是放松的。

所以，这是我收获的第一个很奇妙的方式：全身放松。不过全身放松不是那么容易的事情，也需要不断地去刻意练习，继而能在潜意识里寻找答案。

第二，放下头脑中的批判，学会观察

很多时候，我第一时间都会不自觉地做一个工作：批判一切事物和人。我会觉得他们本来的样子是不对的，他们应该按照我的想象而行动。

这是痛苦的重要原因，甚至是根本原因。我们的头脑试图想象别人该如何如何，当别人的表现不符合我们的想象时，我们就产生了情绪痛苦，而情绪痛苦累积多了，就会变成身体痛苦，痛苦之身由此形成。而它形成的源头，正是我们对自己想法的自恋。

我们越自恋，越对自己的想法执着，特别是对我们关于别人该如何的想法执着，越容易导致巨大的痛苦，甚至是崩溃。

所以越自恋越痛苦，如果能放下对自我的执着，也就能够轻松面对人事物了。

第三，感受痛苦，会让你更深入地了解自己，完成自我的英雄之旅

我们想当然地以为，是外部的人和事情让我们害怕，但是最后发现，让我们真正恐惧的是自己的内在。所以我们要去接触那些特别让我们害怕的部分。

这个历程的关键，不是变得通俗意义上的更好，而是能碰触到自己真实的人性。

我们内在的英雄之旅不光是一棵小树拼命向上，长成正能量满满的大树，而是同时向下深入黑暗，汲取能量的完整大树，树冠伸向明亮的天空，树根则扎根黑暗的大地。

武志红老师觉得这个过程的关键是碰触痛苦与黑暗。碰触了自己的痛苦，才能懂得别人的痛苦；碰触了自己的黑暗，才能容纳别人的黑暗。真碰触到时，会发现痛苦中有馈赠，而黑暗就是力量与生命。

正如那句名言所说："当你凝视深渊的时候，深渊也在凝视你。"当你潜入黑暗的时候，你也能感受到黑暗带给你的力量。

当负面情绪来临时，我们既不用委屈自己，又能尽快与内在的喜悦连接，回到自己的内在，感受内心的黑暗、痛苦，然后你会发现，它们会给你力量！

力量加油站

罗翔老师的这段话送给迷茫的你。

"人最大的痛苦，就是无法跨越'知道'和'做到'的鸿沟。人要接受自己的有限性，就是人承认自己是有限的，于是承认你的逻辑是有限的，承认你的理性是有限的，承认你的阅读是有限的，承认你整个人就是在偏见之中。你这一生就是在走出偏见。"

05

>>>>

优势力：

一边发现，一边实现

我们要尊重、理解每一位幼儿。

——蒙特梭利博士

优势觉察：发现自己的优势

人生不是一道改错题，我们应该在自己的优势里活出精彩。

《中庸》开篇就是："天命之谓性，率性之谓道，修道之谓教。"什么是性？性就是我们的禀赋、优势，当你了解自己的"性"之后，才能真正率性地活，把自己的优势活出来，按照自己的禀赋优势过一生才是真正的遵循天道。修道之谓教，在这条天命之路上去修炼自己，也是人生的必然之旅。

我们生气、沮丧、无奈时，看不到自己的优势，并不代表优势不存在，我们需要想办法去发现自己的优势所在，而觉察就是要唤醒内在的力量。所以，我们需要在大脑里面安装一个优势开关，这样的开关就像一个断路器。当负面情绪出来的时候，我们打开优势开关的灯，提醒我们要从优势出发，去重新看待自己。

《优势教养》的作者，心理学教授莉·沃特斯说："你可以把这个开关当成自己的'当头棒喝'——它让你立刻醒悟，在一段时间内密切关注优势，它让你重新从消极转向积极，让你在紧张的状态下，仍旧能看见孩子的优势。"文中虽说是看见孩子的优势，但在紧张的状态下，也可以感受自己的优势。这个小开关让我们对自己的注意力会有更多的选择，我们会注意到，当我们越来越关注优势的时候，我们的能量会越来越大。

有位学员妈妈分享了她的故事：

"有一次，乐乐早上起床的时候，穿衣很慢，当我看着他一会穿穿衣服，一会又拼下变形汽车时，心里面就很烦躁。看了一会儿，我知道我马上就要控制不住了，我想起了优势开关，便暗示自己按下优势开关。语言的力量很强，我看到自己优势的能量所在。我就从他的房间走了出来，走到自己的书房，盯着自己的书。

"我当时想起我的优势是认真、负责。然后，我就感受到自己的情绪，慢慢地冷静下来。与此同时，婆婆走进了他的房间，督促他穿衣服，他说：'今天衣服我要想自己选啊。'

"我的负责优势立刻让我又跑过去，带着他一起选了他的衣服。

"当他选好衣服之后，我依旧不看他，因为我知道再去看他穿衣服，我还会烦躁。我的认真优势让我收拾起准备上班的东西，当他在我身后默默地把自己的衣服穿好时，我自己的东西也收拾好了。那一刻，相当轻松。"

如果你是刚开始使用优势开关的话，建议不要给自己施加太高的难度。给大家提个建议，从相对轻松的情况开始，比如你不会太有压力时，打开优势开关会很轻松。而当你感受到自己"做不到"的时候，首先请你接受自己的"做不到"，接纳自己的不完美。

其次请你注意自己的感受，了解自己的感受是生气、愤怒、失望、焦虑，因为这些感受都是我们的正常反应。接着大声说出"按下优势开关"，找到身上的一种优势，帮助我们逃出困境。想想自己有什么优势可以让自己面对当下的情形，同时还要思考当下的选择是因为爱还是因为恐惧，让自己的每一次选择都是因为爱。

如果对自己的优势依然不是很清楚，可以问自己这三个问题：

1.我是否看到了自己擅长做的事情？比如你喜欢和别人沟通，各种领域工作的人，你都能顺利地找到切入点聊下去；你看书可以专注很久，使用的语言和句式比别人要复杂；同理心很强，能够感受别人的情绪；等等。

请你写下擅长的事情：

2.我是否在自己身上看到了激情？优势是可以不断被强化的，当你不断感受到优势，并使用优势的时候，你会觉得轻松、喜悦、充满力量。每次演讲的时候，我内心总是充满能量，希望我的演讲对家长们有帮助，而当我结束演讲，收到很多家长反馈的时候，都感受到一阵阵暖流涌上心头。

请你写下自己有激情时的样子：

3.你是否看到了你经常做的事？想想看如果你有时间，你想做些什么，多久会参与某一项特定的活动，你通常在这些活动中感受到什么。比如我喜欢阅读，几乎每天都会看书，只要是有空闲的时候，就会坐在办公室里泡杯茶，静静地看书。

请你写下自己经常做的事：

最后，请你觉察你的优势力量是如何帮你走出负面情绪的，可以在心里感谢自己的优势。要知道，感激是培养优势的神器。

美国的一位有名的投资家曾经在一次演讲中说道："我一直在阅读,读书确实极大地帮助了我,一旦你学会了阅读,通过阅读,你可以学到很多,你也可以根据自己的时间安排阅读。

"当一些人和你口头交谈的时候,他可能会讲一些你不想知道的事情,或者是你已经知道的事情,这很难去控制,又或者他的语速太快或是太慢。但是当你阅读的时候,你可以按照自己想要的方式来获取知识。如果你想自我教育,没有什么比读书更好的,当然经常这样做的人会获得巨大的优势。"

天赋：发现孩子天赋的四个误区

  漫画家蔡志忠在获颁中国台湾十大杰出青年奖，上台致辞时曾这样说："我要特别感谢我的父母，因为他们没有逼我继续上学，没有叫我去补习班、电脑班，也没有将他们一生未完成的愿望，要我去替他们完成，因而才使我有机会画漫画。"

  蔡志忠的父亲是公务员，母亲是农民。蔡志忠读初一时就自编脚本画成作品，投稿到漫画出版社，初二暑假他接到漫画出版社的聘用通知，鼓起勇气，对正在看报纸的父亲说他想去台北画漫画，没想到父亲头也没抬，淡淡地说："那你就去吧！"正是因为父亲的支持，蔡志忠才来到台北开始他传奇式的漫画人生，在优势里活得闪闪发光。

  每个孩子都有独特的天赋，什么是孩子的天赋呢？我们可以结合哈佛大学的心理学家霍华德·加德纳的多元智能理论和美国著名教育心理学家伦祖利提出的资优三环来理解天赋的概念。

该理论认为，智能是解决某一问题或创造某种产品的能力，而这一问题或这种产品在某一特定文化或特定环境中被认为是有价值的。就其基本结构来说，智能是多元的。加德纳把多元智能分成八种，分别是逻辑数理智能、空间智能、音乐智能、自我认知智能、身体运动智能、人际智能、自然观察智能和语言智能。

怎么知道孩子各个智能的特点？在实际工作中，我们会通过天性测试，也就是通过孩子的皮肤纹理的检测，帮助家长了解孩子先天八大智能的分布，这样就能够去发现孩子占优势的学习方法，更好地发挥孩子的优势。

天性检测是一个统计学规律，通过观察记录、比对、归纳的统计方法来实现。手是人类第二个大脑，手部皮肤纹理与孩子的先天智能和潜在个性之间存在规律性关系。

如果说孩子的技能、天赋、智能和成长是一部动态电影，那么，天性测试就是开场的字幕，并且这部电影永远不会散场。因为孩子在不断成长、不断改变，所以天性测试的结果不是限制，而是提供一种参考的角度。

除了天性测试，我们也可以通过多元智能问卷形成一个粗略的多元智能档案。比如可以让孩子在下图的表格里去打勾，看看孩子在哪个领域对自己的认可会更多一些。

语言智能	我喜欢倾听
	我能解释清楚问题
	我能说服别人，让他们听我的安排
	我容易 / 曾因为说话而闯祸
逻辑数理智能	数学对我来说很容易
	我很快就能发现错误
	我在辩论时总能赢
	我喜欢提前规划
空间智能	我想象力很丰富
	我擅长看地图
	我喜欢画画 / 涂鸦
	我容易 / 曾做白日梦
身体运动智能	我喜欢体育运动
	我喜欢动手操作
	我容易 / 曾因为坐不住而惹上麻烦
	我需要触碰才能对物品有了解
音乐智能	我喜欢唱歌或演奏乐器
	我经常听音乐
	我知道表里列出的歌曲
	我喜欢一边玩 / 工作一边哼唱
人际智能	我很清楚自己的感受
	我喜欢和团队一起做事
	有问题的时候，我会向他人求助
	交朋友对我来说很容易
自我认知智能	我喜欢独自工作
	我喜欢独处
	我清楚自己擅长什么
	有问题的时候，我自己会妥善处理
自然观察智能	我喜欢户外活动
	我能说出许多动植物的名字
	我喜欢看自然类节目
	我喜欢养宠物

学习中值得观察的东西有很多，但建议你用最简单直接的方法：先确定重点，然后着重观察。例如：

如果你着重观察学生的……	那你就是在观察学生的……
对音乐的反应，音乐课上的参与度	音乐智能
阅读和写作	语言智能
在团队合作中的表现	人际智能
独立学习的能力	自我认知智能
做数学题的能力	逻辑数理智能
美术作品	空间智能
体育运动技能	身体运动智能
与自然界的互动情况	自然观察智能

接下来，我们说说伦祖利提出的资优三环。他认为资赋优异是三个条件的综合，哪三个条件呢？

智力在中等以上。

显现出创造思考的特质，即有高度创造力。

极大热忱。

这样的定义强调，先天具有的潜能并不是决定一个人日后有成就的主要因素，大多数人的智力都在中等或以上水平，一个人能否有成就，主要取决于他能否以持续不断的热诚，将自身潜能充分激发出来。

很多家长会去测孩子的智商是多少，其实没有太大的价值，因为比智商更重要的是创造力和热情。学习有三个阶段，最底层是记忆，中间是理解，最上层是创造。

孩子只有从记忆到融会贯通地理解，从理解再到有创造力，并且在他感兴趣的领域有巨大的热情，三者结合起来，未来才会取得很高的成就。

如何发现孩子独特的天赋呢？除了以上参考外，我们也要避免陷入四种误区。

第一，从今天开始，停止动辄就说孩子的"不足"

从心理学上来说，我们总是对负面信息更敏感，其实这是人的天性。比如有人问你："有一个好消息，有一个坏消息，你先听哪一个？"你大概率会先听坏消息。所以，我们不需要责怪孩子，为人父母都是一个修炼的过程，没必要总是忍不住发火，忍不住歇斯底里，我们不断地去觉察自己，多多练习就好。

第二，不要一味要求孩子"谦虚"

我们经常说"谦虚使人进步，骄傲使人落后""满招损，谦受益"之类的话，这些话有没有道理？有道理，但有个前提，这个前提就是孩子是一个谋求进步者，而不是一个展示才华的孩子。如果孩子的心智相对来说已经比较成熟，那么可以让孩子学习谦虚。

如果一个孩子还不到10岁，你天天打击他，每一次在他的高光时刻，比如拼好了一个乐高积木时，你告诉他这没什么用，还不如认识几个字。这是不对的。我有一个学员，他们家是家族企业，生意做得很大，但是孩子却没有自信。有一次年会的时候，孩子在表演节目，表演结束后大家都在鼓掌，鼓励这个孩子，但是他爸爸却看着他，对他说："还可以更好哦，不要骄傲。"

孩子在需要肯定的情况下，爸爸的语言让孩子感受不到努力的意义，这对孩子的伤害该有多大呀。我们去挖掘孩子的天赋，除了找到他的特长之外，更要用激励欣赏的眼光看待孩子的进步。

所以，不要总是要求孩子进步。相反，要营造孩子的高光时刻，这样孩子在天赋优势展现的时候更有自信心和自驱力，对自己更加认同，换句话来说叫作自我效能感。

第三，不要老是给建议，而是要突出孩子的优点，扭转家庭氛围

我们要提升能力，而非消除行为，天天说孩子的不足并不能解决什么问题，你批评孩子总是做错事情，可是他能力没有提升，你上来就给方法1、2、3、4、5，他是吸收不进去的。但是，氛围很重要，多从孩子的优势入手，当孩子感觉好的时候，就会做得更好。

第四，不要让孩子随大流，而是要告诉孩子和而不同

特别是当孩子到了高中，和别人有不同的想法的时候，我们要让孩子看见自己的不同。每个人都有自己的不同点，都有自己的天赋优势，不需要变成一个完全没有棱角的人，不需要把自己的个性、特点磨平，去适应别人，我们需要的是鼓励孩子有做自己的勇气。

因为孩子在青春期面临很多选择的机会，在集体中是服从别人的命令还是坚持自己的想法，这需要孩子有独立思考能力，而我们要做的就是支持孩子的选择。

发现孩子的天赋，并且不断地鼓励他们做自己，是我们身为父母的使命，换句话来说，就是帮助孩子自我实现。

力量加油站

蒙特梭利博士曾说："我们要尊重、理解每一位幼儿。"我们只有先去了解孩子，才能理解孩子，进而接纳和改变我们对孩子的态度。

优势探索清单：发现孩子天赋优势的三个方法

不知你有没有这样的体会，我们经常会在发现孩子的天赋上做各种尝试。有时会带他去报很多培训班，有时也会带他参加各种亲子活动，努力去观察孩子的每一项喜好、每一点成就。在这一过程中，我们会走很多弯路。

很多时候我们会觉得这样做是在浪费时间，其实并非如此。20世纪的哲学大师维特根斯坦也不是一开始就选择哲学，他在德国读的是机械工程，19岁到英国专攻航空学。由于设计工作的实际需要，他努力研究数学，数学的逻辑基础引起他巨大的兴趣，于是他决意放弃航空工程，转而从事哲学。他于1911年转到剑桥，问学于罗素门下。

研究两年之后，他忽然跑到挪威，自己在乡间盖一间茅屋，成为隐士。第一次世界大战爆发后，他又回到了奥地利，加入陆军当志愿军，后来被敌军俘虏成为囚犯。战后过了好多年，直到40岁，他又回到了剑桥大学。继续完成他未完成的哲学学业。

今天没有人敢说维特根斯坦如此迂回的人生选择是危险的，是在蹉跎时光，这是因为没有几个哲学家有像他那样辉煌的哲学成就。

有什么样的方法，让我们可以多做尝试，又不至于消耗太多的财力和精力呢？我推荐三个方法，帮助孩子从更多维度展现自己的天赋。

第一，列出孩子的天赋优势清单，让孩子说说自己的优势故事

孩子可以在八项多元智能里或者是资源三环里，去选择自己的天赋，并说出相关的故事，这个故事最好是能彰显他相应天赋的亲身经历。每一次可以选三个，三个为一组，并针对每一项，分享一则"高光时刻"的亲身经历故事。

第二，打造家庭文化，和孩子一起做互动游戏

《人人有天赋》这本书中提到了天赋的16个面孔，它们是：

知识海绵体	勤劳的小蜜蜂	错误侦探器	极限挑战者
思考者	团队构建者	蓝图设计师	语言艺术家
默默无闻的帮助者	随心所欲的闪光者	气氛探测器	美的追寻者
动手创造者	好主意喷泉	共事者	意义追寻者

我们可以把天赋的16个面孔变成16张卡牌，每一张卡牌上面

写一个天赋的面孔，在家里每个人随机抽一张，之后，问问谁觉得自己有这个天赋面孔。鼓励孩子别客气、别谦虚，然后分享一个故事。

比如孩子抽到了乐观，说："我乐观，是因为我很幽默，幽默是一种能力。"我们就让孩子分享一个他最幽默的时刻。

家庭最重要的是在这种其乐融融的氛围中互动交流，你不是为了做游戏而做卡牌，而是在针对天赋的16个面孔，有意地引导、挖掘孩子的天赋。

"天才一小时"和"英雄想象项目"

"天才一小时"源自硅谷的谷歌公司。谷歌公司内部有一项规则：允许员工们做他们感兴趣的事情，以此来提升生产效率。为了鼓励员工创新，谷歌实施了名为"天才一小时"的计划，即允许员工们每周将20%的时间用来策划和实施正常工作以外个人感兴趣的项目。

谷歌公司的这项措施取得了非常良好的效果，据粗略估计，有50%的项目都是在这个20%的时间段内诞生和完成的。比如Gmail、Google News，就是富有激情的开发者在"天才一小时"的时段里创造出的。因为成效卓著，这个开创性的计划也逐渐被其他公司借鉴。

后来，研究者们发现，其方法和原则不仅适用于企业环境，同样也适用于课堂环境，因此众多欧美中小学将之运用到了学校教育上。即在实施"天才一小时"的学校，老师每天为学生提供一定的自由探索时间，让他们去完成自己感兴趣且具有挑战性的项目。

"天才一小时"是对传统教育的突破，让孩子在学校里抽出一定的时间自由选择感兴趣的主题进行探索。这种兴趣导向和不确定性让孩子更愿意去探索，这才真正体现了"以学生为中心"的教育理念。

具体在家里我们可以怎么做呢？

平时我们多留心孩子感兴趣的主题，以主题为中心去搜索相关的科学读物和视频，看看孩子看完这些之后，有什么样的问题。

通常可以问这三类问题："什么在困扰着你？你喜欢什么？你想知道什么？"接着以问题为切入口，展开相关的探索、学习和调研。

比如一个喜欢弹吉他的孩子，可以把弹吉他这件事放到更多平台，思考能不能做一个网站，教其他孩子学吉他；喜欢游戏和编程的孩子，去探索是否能做简易游戏 App，甚至可以让孩子试试写自己的推广计划；喜欢卡通动漫的孩子，可以看看是否能设计和制作一系列作品，开一个卡通动漫作品展等。

莎士比亚有句名言："学问必须合乎自己的兴趣，方才可以得益。"孩子可以通过"天才一小时"计划，探究自己的兴趣并投入更多的学习热情，他的理解力和创新力会进一步提高。"天才一小时"的核心在于这是一个让孩子发挥主动性、创造性，从自己的兴趣点出发，去深入学习、思考、研究、探索、创造的过程。在这个过程中，孩子学会了怎样把一个想法变成现实，还成为一位更好的阅读者、写作者、沟通者和倾听者。

我们再说说"英雄想象项目"。心理学家津巴多提出"英雄想象项目",项目的主旨是每个人都能成为一个英雄,不是什么壮烈的战争英雄,而是每一天为别人做一些小事的英雄。比如制作英雄T恤,排练以英雄为主题的戏剧等,总之,尝试用一种积极的方式去改变英雄的概念,让整个过程变得很有趣。

他们曾经做了一系列的活动,其中有一个活动是"今天让别人微笑"。在这个活动里可能只需要做一些小事或者傻事,比如开个玩笑、唱首歌、记住别人的名字、表扬别人等。

我们也可以将"英雄想象项目"的理念分享给孩子,让孩子在日常生活中不断反思怎样才能让自己和周围的人都过上更好的生活。这个反思的训练就是通过英雄想象的训练,去看孩子在哪些领域有更多想要去探索的内容。

而我们对他的欣赏,会增强他对自己生活的掌控感,催生很多积极的情绪。

力量加油站

我们和学校实际上应该去做这样一件事,就是不停地问孩子:"你喜欢什么?你将来想做什么?"

如果孩子想明白这一点,就有了内驱力。其实在人的一生中最重要的就是内驱力。有内驱力的人,如果做得好,可能成就非凡。

同理心：理解孩子的感受和需求

　　一个两岁半的小男孩在早教课上躺在教室的地毯上，手脚并用推开妈妈，一脸愤怒，哭得歇斯底里。原因就是妈妈想让他回到座位上听课，而他却想拿一个塑料三色桶玩。他妈妈苦口婆心地劝说："现在老师在上课，我们下课再玩好吗？"一会儿又吓唬他："你要再不听话，妈妈就不带你来了！"说到最后，妈妈也愤怒了："你这孩子怎么这么不听话，为什么非要满足你呢？不满足你你就一直哭闹，你到底怎么回事！"男孩依然不听，执意要拿那个三色桶。他妈妈急了，把三色桶推到拐角，自己用身体抵在拐角口就是不让男孩碰。

　　男孩边哭边使劲推妈妈，执意要拿那个三色桶。男孩耍赖地躺在地上，像一只被困住的小兽，手脚不停地挥舞，试图阻挡妈妈的手碰到自己，妈妈蹲在他旁边，又急又气。

看的出孩子还小，只能说出简单的几个字，而这位妈妈不了解孩子的感受，只是一味地强制孩子按照自己的要求来。那个两岁半的孩子，在面对妈妈的不同意见时，只能哭闹，都不能用一言半语表达自己的想法。

这样的孩子，太让人心疼。生活中有很多这样的孩子，他们的感受不被父母看见和接纳，所以就没有办法克服自己的焦虑，于是就会出现各种小问题：不爱说话、便秘、尿床、咬人、厌食等。

孩子出现各种问题，其实大部分应归于父母教育的问题。很多时候父母对孩子的感受视而不见，是因为不能从孩子的感情出发，站在孩子的角度看待问题，这就是缺少同理心的表现，而培养孩子的基础是同理心。

一、理解孩子的感受

《看见孩子，看见自己》中有个故事：杰瑞米是3岁半的孩子，却经常便秘。最近的一次便秘是因为家里一个亲戚的离开，上一次便秘是杰瑞米和妈妈一起去度假，而爸爸留在英国工作。

杰瑞米的父母都是30岁出头，都在为各自事业拼搏，没有太多时间陪杰瑞米。所以杰瑞米讲话不太清晰，词汇量也很有限。亲戚的离开和爸爸陪伴的缺少让他有一种深深的分离焦虑，但是他无法用语言表达自己的想法，于是身体就出现了一些小问题。弗洛伊德说："未被表达的情绪永远都不会消失，它们只是被活埋了，有朝一日会以更丑恶的方式爆发出来。"

正如杰瑞米通过便秘获得关注一样，这已经变成了恶性循环，他也不自觉地用这种手段来"操纵"父母，让父母更重视他。可是杰瑞米的父母一心只想着如何改善他的便秘问题，没能真正理解杰瑞米的焦虑。他们甚至觉得杰瑞米得了严重的生理疾病，于是越努力，越无效，越沮丧，而杰瑞米也一直被便秘困扰着。

不理解孩子的感受时，我们可以扮演成孩子，你会发现平时容易忽略的东西。比如你会发现拿不到书架最上层的书，你特别期望下课铃声的响起，你特别期待能被夸奖。这是非常不同的体验，建议你试一试。

二、说出孩子的感受，是缓解焦虑的开始

生命最根本的需求，就是渴望被看见。当你能看见孩子的感受时，他的感受通道就被打开了，感觉好了才会做得更好，行为问题也就迎刃而解。

在一次家长课堂中，有一位学员妈妈说起她的经历。她说孩子经常会问她："你要是死了怎么办？"她会想尽方法去解答，说："我不会那么早死的，我还年轻呢。"但是过了几天，孩子还会问："妈妈你要是死了怎么办？"她说："不会的，妈妈不会那么早离开你。"可是过了一段时间，孩子还是问："妈妈你要是死了怎么办？"她想起讲座中频频提到的"说出孩子的感受"，便想来实践一下。她对孩子说："你是不是害怕妈妈离开你？当提到死亡的时候，你觉得担心、害怕，有些恐惧，是吗？"孩子看了妈妈一会儿，说："是的。"这位学员妈妈说在这之后，孩子很久都没有再去问这个问题。原来说出感受有这么神奇的效果。

武志红说："感受到对方的感受，甚至是两个人之间发生深度的心灵感应，这有着深刻的意义。在这种时刻，自我的壳好像被打破了，我的感受，传递给你，两个人，或两个生命体之间，好像建立了一种链接，而在这一刻，'我'和'你'都消失了一样。有了这种感觉发生，才叫爱吧。"当爱发生时，我们就从"自我"中解放，链接到孩子的内心，爱不是一蹴而就的，而是一种不断发生的过程，爱更是一种自我完善。

我们都渴求被看见，孩子也是一样。

三、区分确认和同意，让孩子感受到被重视

孩子不仅渴望我们的认可，还希望自己因为当下的样子获得我们的尊重。具体怎么做呢，我们先回想一个场景。还记得我们在麦当劳点餐的时候，服务生都会在最后跟我们确认："您点了一份麦辣鸡腿汉堡和一杯可乐，是吗？"这就是再确认过程。

让孩子知道，你准确地接收到他传递的信息，这很重要。因为人在有情绪的时候会反复地阐述自己的观点，觉得对方没有认真听。孩子着急的时候会喊"妈妈，妈妈，你听我说"，潜台词是让我们听到他的声音，理解他的想法。而我们总喜欢说"知道没有""听见了吗""我跟你讲"，潜意识里觉得孩子没有认真听。

我们可以把这种确认当作互相理解的起点，然后寻找原因。确认不是同意，要区分确认和同意，这是将孩子的想法与我们的反应解绑的一种方法。比如：

"妈妈知道你想玩一会玩具再起来，是吗？"

"你现在不想起来，是吗？"

"你说现在还早，是吗？"

我们要认真听孩子和我们说的话，当我们全身心去关注孩子的想法，而不是把我们的想法强加到孩子身上的时候，问题也就自然而然地解决了。专注地去倾听，重点去理解孩子这么做的原因，不要急于给出建议。如果非要给出建议，思考一下你想让孩子这么做的动机，是只为了让孩子顺从你，还是为了尊重孩子的想法。

努力去倾听，孩子可能会说："我想玩一会。"在冲突中，聆听是件很难做到的事。在对方说话时，我们总是倾向于默默演练自己要说的话，而不会认真倾听对方在说什么。其实，我们可以带着了解情况的目的问两个问题。这两个问题可以帮助我们发现冲突背后的原因是什么，也会让我们觉察问题是否会有一些积极的转变。

"如果我不听攻击性语言会怎样？"

"那我又能听到什么？"

提高这种转变能力会让当下的冲突变得不再那么艰难，这样我们就可以充分调用倾听能力，无论是面对孩子，还是其他人，这种练习都能为我们提供更好的机会，让我们抓住重点，而不仅仅是听对方说什么。把问题拿出来讨论，用你和孩子都能接受的措辞对问题本身进行描述，但不要描述你当前更希望看到的结果，也不要直接说出对孩子的评价。

我们要把注意力集中到孩子的需求上，这样才能更富有成效。在面对多个问题时，优先处理主要问题。

不要这样说："妈妈希望你赶紧起来，不然上学就要迟到了。"

试着这样说："现在是7：10，我们8：00点就要出门，你能告诉我你现在准备干什么吗?"

冲突在亲子关系中不可避免，表面看来，孩子和我们都有自己不可动摇的立场，但他和我们一样，也希望被对方理解。我们不能坐等着被孩子理解，而是要在冲突中，建立有效的亲子交流。只有在不断的练习中，孩子和我们才能不断强大。

教育孩子的前提，就是带着同理心去了解孩子，理解他的需求和感受。

力量加油站

亲子关系就是你和自己的关系，如果你不喜欢自己，也很难喜欢你的孩子。渴望更好的亲子关系，期盼孩子有美好的未来，还要先看到自己，让自己与自己产生连接。

06

>>>>

妈妈们的力量：

做自己，是人生最深刻的反叛

　　人家挂着窗帘呢，别去窥望，宁可自己也挂上一个，华丽的也好，朴素的也好。如果你不屑挂，或懒得挂，不妨就敞着个赤裸裸的窗口。不过，你总得尊重别人家的窗帘。

——杨绛先生

卡罗尔·米德尔顿：凯特王妃的母亲，激励孩子的冠军选手

　　凯特王妃的妈妈卡罗尔·米德尔顿小时候家境并不好，爸爸是工人，妈妈是送货员。但卡罗尔·米德尔顿擅长学习，她靠一份秘书工作自学了第二外语——法语，后来她凭借着英语和法语的能力，以及自己的年轻机灵成为一名空姐，完成了第一次的阶层跳跃，踏入了当时高收入的白领人群，第一次靠教育改变了自己的命运。后来，卡罗尔·米德尔顿和机场航班调度迈克尔结婚，养育了三个孩子。

　　她在教育孩子方面有多厉害呢？她的第一个女儿凯特成了王储妃，第二个女儿皮帕被《时代》杂志列为全球最具影响力人物之一，嫁给了亿万身家的蓝血贵族。她还把有阅读障碍、抑郁症和注意缺陷与多动障碍的小儿子詹姆斯培养进入爱丁堡大学，后来詹姆

斯自己开始独立创业。

卡罗尔·米德尔顿硬是凭借自己的努力实现了阶层跨越。她是怎么做到的呢？

一、没有好的教育环境，那么就创造

凯特读的是约旦首都的英语幼儿园，丈夫的任期一到，无论当地如何挽留，卡罗尔一家还是马上返回了英国。她怎么给凯特做规划呢？她放弃了家门口的小学，给凯特选了离家非常远的传统贵族小学圣安德鲁斯小学，这所学校因为专门培养英格兰淑女和绅士而闻名，在校学生都是非富即贵，学费每年要3万多英镑。虽然学费昂贵，离家又远，卡罗尔依然坚定地选择把自己的孩子都送到这所小学上学。

不单是小学，凯特中学读的也是英国最贵的学校之一，马尔堡学院。卡罗尔深知把孩子送到贵族学校不仅仅是让孩子接触到好的教育资源，更是让孩子们习得自律和勇于承担责任的贵族精神。

凯特也没辜负妈妈的一番苦心，她不仅成绩出众，还是学校曲棍球队队长，网球比赛双打第一。所以卡罗尔教育思路是非常清晰的，用顶级的教育资源武装孩子的硬件，用扎实的努力锻造孩子的内核。

二、对标威廉王子的成长路径，规划凯特的学业路径

卡罗尔目标性极其明确，不惜代价又有执行能力，她的教育不成功也难。她不仅关心孩子的学业，还不断地了解威廉王子的信息，照着王子的路径，规划凯特的路径，给凯特和威廉王子制造更

多话题交流的可能性。

比如，她让凯特在高中毕业的间隔年里和威廉王子参加同一个项目；进了圣安德鲁斯大学后，和威廉王子选了一样的艺术史专业；和威廉王子同时出席一场慈善时尚晚会等。本身就优秀的凯特自然而然吸引了威廉王子，两人也就拥有了从小学以来数不尽的共同话题。

三、不断成长自我，成为孩子们的榜样

卡罗尔不仅培养孩子向上拼搏，自己也很努力，而且战斗力爆棚。1987年，儿子詹姆斯出生，她也创建了Party Pieces（聚会宝贝）公司。卡罗尔的初衷很简单：可以为孩子的派对提供一站式服务。为此，卡罗尔参观了伯明翰春季展览会，在那里她找到了一些纸盘和纸杯的供应商；在凯瑟琳参加的当地亲子活动上，贴了一张自己设计的传单。

因为那时还没有互联网，人们对新兴事物的反应并不总是那么迅速。但后来她灵机一动，在"红房子"做广告（这是一个孩子们刚学会阅读时，她就加入的书友会）。先是10000张传单，然后100000张……公司的业务从这里开始才真正起飞。

面对一家刚起步的公司和三个年幼的孩子，在当时职业母亲不像现在这么普遍的情况下，卡罗尔辛苦地在家庭和事业中不断地切换身份。卡罗尔一般在下午6：00结束工作，这样就不用坐很长时间的火车，可以有更多时间陪孩子们。

卡罗尔还鼓励孩子们跟她一起创业，她在一次接受采访时说

道："我觉得工作真的很好。这是孩子们生活的一部分，现在也是，他们会来帮忙。他们为我做了很多模特的工作。"

在Party Pieces的官网首页，卡罗尔曾经贴出一张1989年的老照片，她在中间，三个孩子围着她，最右边侧身的小模特就是凯特。自始至终，凯特王妃和母亲的关系都非常亲密。

卡罗尔很喜欢她的工作，但也从未放弃对子女的教育，她以自己的方式参与孩子的成长中，并影响孩子乐观向上。在卡罗尔的采访和故事当中，我们能感受到她的足智多谋和坚韧从容。也正是她这样的坚韧，影响着孩子们。

她的努力成就了自己，也培养出了优秀的孩子。卡罗尔的故事告诉我们：所谓教育也是我们自身的修行，我们自身的修为就是向上托举孩子的那双手臂。

力量加油站

华大集团CEO尹烨曾说："我是一个20世纪70年代出生的，她是一个21世纪的10后，她会玩的东西跟我是不一样的。我自然不要去指望我的女儿会超越我，甚至接近我，换言之，她不需要超越我。我现在其实花很大的精力来跟我的夫人去讲，成功是多元化的，请不要和其他的家长一起去焦虑。"

唐须嫈：杨绛母亲，把平常日子过出自己的气象

　　杨绛的母亲唐须嫈从小生长于富贵人家，少时曾在上海著名的学务本女中读书。在那个时代，已算是女性知识分子的唐须嫈，没有凭借自己的知识才华活跃在民国的文坛或政界，而是选择嫁给与自己同龄的杨荫杭，从此相夫教子，把自己的聪慧融入琐碎的家庭生活中。她的智慧体现在三处。

一、换位思考，支持家庭成员作出决策

　　唐须嫈用心经营自己的婚姻，照顾丈夫和丈夫的家人。当时，两个小姑子没嫁人住在家里。有一次唐须嫈的大儿子得了病，一个小姑子怕被传染非要搬出去住，可在照顾大儿子的唐须嫈不但给小姑子备了煤油炉和一箱煤油，还贴心地让孩子穿着漂亮衣服去帮忙搬东西。

孩子们很费解，觉得帮忙搬家为什么要穿漂亮衣服，唐须嫈说："你姑母是个孤独的人，脾气又坏，和管园产的经纪人已经吵过两架，一个人搬去那么偏远的地方住，需要去给她装装场面，让人家知道她亲人不少，而且也不是贫寒的。"

她没有抱怨小姑子不近情理，而是在小姑子想搬家的时候提供支持，这样的换位思考也实在难得。她没有考虑对错，而是先考虑到对方的需要和自己能提供什么，在她做好手头事的前提下，这些支持，就是最好的支撑姿势。

所以厚德怎么修来的？得牺牲自己，帮助别人。先要"德厚"，才能"载物"。

二、支撑丈夫发挥所长

她经常和丈夫聊日常、谈心。女儿杨绛在《回忆我的父亲》中曾提道：

"他们谈的话真多，过去的，当前的，有关自己的，有关亲戚朋友的，可笑的，可恨的，可气的……他们有时嘲笑，有时感慨，有时自我检讨，有时总结经验。两人一生中长河一般的对话，听起来好像阅读拉布吕耶尔的《人性与世态》。"

后来杨荫杭辞官，他办的每一件案子都会和唐须嫈说，细节到为什么事情，牵涉什么人等。而唐须嫈也和丈夫分享她的想法，他们一起分析和讨论，在精神上沟通的默契也影响着杨绛在日后和丈夫的相处。

三、支撑丈夫弥补短处，主动补位

唐须嫈常称丈夫"老牛"，心疼其劳累。生活上，无微不至地照顾丈夫。

杨荫杭爱穿布鞋，却不去鞋店试穿。于是，唐须嫈带着鞋样去鞋店，店里伙计把各式同样尺寸的鞋子，送至杨家供杨荫杭挑选。

杨荫杭也不爱上理发店，于是唐须嫈请理发师上门，因此总要付上更高的报酬。待杨荫杭年老脱发，唐须嫈就自备工具，亲自为丈夫剪发。

数年后，孩子们在一起聊天，三个结了婚的个个都算得贤妻，但都自愧待丈夫不如母亲对父亲那么和顺，那么体贴周到。

唐须嫈展现的，就是无上的"坤"的智慧，厚德载物。董卿说："母亲是一个家的灵魂，用博大的心胸承载了整个家，用爱和陪伴温暖着每一位成员。"

有厚德的母亲在，再苦再难的日子都能被治愈。一生养育了八个子女的唐须嫈，经营了一段美好的婚姻，成就了丈夫一代法学家的辉煌事业，既温暖了自己，也影响了子女。

榜样的力量很强大，她女儿杨绛和钱锺书也无话不谈，还彼此成就。和母亲唐须嫈一样，杨绛在成就丈夫的同时，也活出了自我。她曾说："我们曾如此渴望命运的波澜，到最后才发现，人生最曼妙的风景，竟是内心的淡定与从容……我们曾如此期盼外界的认可，到最后才知道，世界是自己的，与他人毫无关系。"

力量加油站

杨绛先生说过一段话："人家挂着窗帘呢，别去窥望，宁可自己也挂上一个，华丽的也好，朴素的也好。如果你不屑挂，或懒得挂，不妨就敞着个赤裸裸的窗口。不过，你总得尊重别人家的窗帘。"

中年以后才明白，最好的生活方式就是不多看、不多言、不多事、不多心，不打扰别人的幸福是一种善良，不羡慕别人的生活是一种成熟，不指责别人的三观是一种格局。老话说得好，别把自己的脚伸进别人的鞋里。世人千姿百态，用自己的标准去找别人的答案，永远是零分的结局，生活是自己的，与其时刻观望别人的窗子，不如静下来，好好看看自己的心。当你把视野调整，将心态摆正后，就会发现：春有百花秋有月，夏有凉风冬有雪，莫将闲事挂心头，便是人间好时节。

芮妮尔·斯托帕尼：蒙特梭利的母亲，诠释了什么是真正的"尊重孩子"

 玛丽亚·蒙特梭利博士，是我非常喜爱和尊敬的教育家。蒙特梭利教育是世界上最具影响力、最具成效性的科学幼儿教育方法之一。

 她的教育本质是在尊重儿童生命自然规律的前提下，帮助儿童生命自然地成长和完善。目标是帮助儿童获得身体、意志、思想的独立，精神的完善，最终达成自立、自尊、自律的和谐人格。《西方教育史》称蒙特梭利为"20世纪赢得欧洲和世界承认的最伟大的科学与进步的教育家"。她曾经三度被提名为"诺贝尔和平奖"候选人。

 玛丽亚·蒙特梭利的一生，是创造奇迹的一生。她通过大量详细的观察，解析儿童生命发展的秘密。她极具想象力与创造力，通过爱与自由、尊重与信任，为儿童点燃热爱生活与生命的火把，照亮了世界未来和平与发展的道路。玛丽亚·蒙特梭利的一生获得无数成就。

自第一家蒙特梭利儿童之家成立，100多年来，不计其数的孩子的生活得以改变。在美国，私立蒙特梭利学校的总数超过4000所，200多所的公立学校使用蒙特梭利式的教育课程。这是世界上最大的教学法，目前拥有超过28000所学校，造福从出生到青春期的孩子。

1907年，玛丽亚·蒙特梭利博士在意大利罗马贫民窟创办了世界第一所"儿童之家"。2014年1月5日，当年唯一健在的学生，继玛丽亚·蒙特梭利博士后"儿童之家"第一任老校长——93岁高龄的芘妮女士，带着意大利政府的第5号授权决议来到中国，帮助建立历史上第一所"儿童之家"的姊妹学校，即世界范围内除罗马以外第一所意大利儿童之家实验班，芘妮女士任名誉校长。

这么多年，我有幸能一直跟随着意大利蒙特梭利国家工程学习纯正蒙特梭利教育体系，践行蒙特梭利的教育哲学，开设蒙特梭利学校，帮助更多的孩子成为自己。我很感恩蒙特梭利博士对教育领域所做的贡献，也不禁会好奇，在她儿时的成长过程中，她经历了什么，她受过怎样的教育，才得以在后来的人生中不断取得伟大的成就。

当我们追溯到生命的早期时，就一定会注意到她的家庭。当我们注意到她的家庭时，就无法忽视她的母亲，因为几乎每个成就伟大事业者的身后，都有一个伟大的母亲。我在了解到蒙特梭利的母亲对她的教育后，更深刻地感受到母亲力量的深远影响。

蒙特梭利博士的母亲芮妮尔·斯托帕尼善良、严谨、开明、博学，她格外注重对女儿的品德教育。受母亲的教导影响，蒙特梭利对穷人有很强的责任感。她会为穷人做一些手工编织工作，这样的工作既是在帮助那些需要帮助的人，同时也像是在进行她今后发展出来的"日常生活工作"。

蒙特梭利对住在家附近的一个驼背女孩很有兴趣，经常带着她去散步。但是蒙特梭利的母亲发现，虽然女儿的友好举动让这个驼背女孩倍感亲切，但外表上的明显差异带给她的苦恼仍然多于快乐。芮妮尔·斯托帕尼极具同理心，于是她建议蒙特梭利尝试用其他方法来帮助这个女孩。

是的，我们在帮助别人时，要让被帮助的人觉得舒服，至少不能让他难受，这就是同理心。

同理心，也可以称为"共情能力"，是指能够理解他人的情绪情感，感同身受并做出适当反应的能力。对孩子来说，同理心是一项重要的心理能力，是需要后天培养的，培养孩子的同理心有助于孩子识别自己和他人的情绪，建立内在的安全感。

所以，后来当蒙特梭利在学业和职业上与父亲有争执，父亲希望她未来重心放在家庭，而蒙特梭利却去医学院学医时，母亲芮妮尔·斯托帕尼理解蒙特梭利的想法，全力支持着蒙特梭利，给了她极大的安全感，蒙特梭利也没有辜负母亲对她的期待，成为意大利第一位女医学博士。

母亲的支持对蒙特梭利博士从医学到教育学的研究有着难以想象的力量。在蒙特梭利博士的教育理论和教学方法中提到了感觉教育的重要性，我想这当中除了科学的大量观察研究外，一定也与她的母亲对她从小的教育方法有一定的关系，因为女儿的感受总是受到母亲的重视。

真正能成为自己的人，必然意味着可以自主选择，也为之负责。也会有家长疑惑，孩子能为自己负好责任吗？美国心理学家罗杰斯曾说："要相信一个人想要被主流社会价值认可的天然倾向。"如果不被过多干涉、限制，孩子会选择向主流社会所认可的价值方向发展。

"最好的期待，是我相信你"，这是蒙特梭利母亲芮妮尔·斯托帕尼给蒙特梭利最好的礼物。蒙特梭利在教育中提倡要尊重自己的感觉，也是受到母亲的影响。

尊重自己的感觉，你的感觉越是别具一格，别人越喜欢对你说三道四，这时你需要的就是继续尊重你的感觉。

力量加油站

华大集团CEO尹烨曾说："人类进步的本质是什么？下一代不听上一代的话，就是每一代都在颠覆上一代，就是基因的传承。"

梅耶·马斯克：马斯克的母亲，让"人生由我"不由天

如果你的人生正处于谷底，被怀疑、被讽刺、被轻视，如果你正在焦虑，觉得自己年纪太大不知道什么才是内心真正的热爱，我强烈建议你一定要去读马斯克的母亲梅耶·马斯克的自传《人生由我》，你会被她一手烂牌的人生所震撼，更震撼的是她把一手烂牌打出了"王炸"。

梅耶的父亲是脊神经医生，他在专业方面突出，好学，永远努力工作；梅耶的母亲是舞蹈老师，开办舞蹈学校。可以说梅耶·马斯克的前半生是幸福的，但她的婚姻实在令人心酸。

她在3年零3周内接连生了3个孩子，与此同时，她还得操心孩子和家务，包括做饭、打扫卫生等。她拉木材、砖块建房子。那时候车上没有安全带，她开车时，孩子们就在她旁边的座位上滚来滚

去，甚至她怀孕肚子很大的时候仍然在贴浴室的墙壁瓷砖。

有一段她对丈夫打她时真实的描述："他在动手时从不回避孩子们，我仍然记得，那时2岁的托斯卡和4岁的金博尔躲在角落里哭泣，而5岁的埃隆为了阻止他，会打他的后腿弯。"

刚开始她的丈夫只会在家里打她，但后来施暴的地点已经发展到了公共场合。当时梅耶很想离婚，她是这样描述的："他告诉我，如果我胆敢离婚，他就会用剃须刀划开我的脸，并且朝孩子们的膝盖开枪。这样我就只能带着三个残废的孩子生活，再也无法从事模特工作。

这一切真是让人毛骨悚然，我没能早点提出离婚就是因为我真的害怕至极。

而且我不知道我能否离婚。当时南非的法律并不保护女性，男人虐待女人不能构成离婚的依据，也没有成功的先例。事实上，当时的人们，包括被洗脑的我在内，都有一种观念：男性对女性实施家暴就是理所当然的，因为他们是男性。"

在南非通过《不可挽回的婚姻破裂法律》的那一年，她告诉自己："终于可以离婚了。"用梅耶的话说，当苦难发生的时候，请你无论如何都要让自己爬出泥沼。务必记得，越快挣脱越好！

如果你发现一段关系只会给你带来痛苦，你必须尽你所能赶快逃离。像很多女性一样，梅耶花了太长时间做无谓的等待，等待那个人改变，或者那段糟糕的关系改变。但最后她发现，能改变的只有自己。

离婚后，梅耶全力扑到自己的事业上，也全力支持着孩子们的成长。她41岁的时候，儿子埃隆·马斯克为了追逐他的梦想，想要到加拿大去。为了支持儿子，她放弃了在南非的生活，带着3个孩子一起去了加拿大。在加拿大，梅耶又是从零开始。她提出可以为模特经纪公司提供培训，以换取一间办公室的免费使用权。

为了赚取一笔生活费，梅耶曾在大雪天倒了4次公交车和两次地铁，还在3英尺（约91厘米）厚的积雪路上步行许久，才找到偏僻的摄影棚。拍摄结束之后，又按原路返回。

梅耶经历了整整9年家暴，生活跌入黑暗谷底，31岁离婚净身出户，就这样依然没有被生活打趴下。她单身40年，独立培养出埃隆·马斯克他们兄妹——不仅成人，而且成才。

她美丽、聪明、自由、强大，且成功。可以这样说，埃隆·马斯克之所以曾在福布斯排行榜位居首位，离不开母亲对他的培养和影响。

每个人的人生都会有不确定、不稳定的黑暗时刻，只有经历这段艰难的自我探索，才能找到内心的确定感，找到自己的节奏。

就像葡萄酒的软木塞用到的软木是栎树的树皮，这种树要生长25年才会第一次蜕皮，而此时的树皮往往质量不过关，无法用于制作软木塞。栎树第二次蜕皮要在9~12年之后，所以当树皮能做软木塞时已经快要40年了，树是这样，人也是如此。

每个人都会有自己的时区，不必害怕那段黑暗的日子，而是要内心坚定地持续往前走，勇敢地走下去，你会迎来自己的时区。梅耶60岁才进入人生的高峰，你自然也有自己的时间节奏，不要急，要大胆往前走。

"得到" App联合创始人脱不花读完《人生由我》之后，曾说："我是一名年近40的创业妇女。我有两个女儿，一个5岁，一个3岁。在一口气读完《人生由我》之后，我做了一个决定，把这本书永远放在我家客厅书柜最方便拿到的那一层，给它贴上一个漂亮的标签，吸引我的孩子们在未来某天，随手就能拿出来读。

"这是我给她们的祝福。每位女性的书架上都应该有这本书。我当然盼望我的女儿们此生一帆风顺。但是假如她们不得不面对磨难和挑战，我希望她们届时至少能拥有梅耶·马斯克十分之一的勇气和能量。"

这也是我想和所有女性朋友说的话，大家都应该读一读这本由72岁勇敢坚毅的女性写的智慧小书。

力量加油站

分享一首著名小诗：

纽约时间比加州时间早三个小时，

New York is 3 hours ahead of California,

但加州时间并没有变慢。

but it does not make California slow.

有人22岁就毕业了，

Someone graduated at the age of 22,

但等了5年才找到好的工作！

but waited 5 years before securing a good job!

有人25岁就当上CEO，

Someone became a CEO at 25,

却在50岁去世。

and died at 50.

也有人迟到50岁才当上CEO，

While another became a CEO at 50,

然后活到90岁。

and lived to 90 years.

有人依然单身，

Someone is still single,

同时也有人已婚。

while someone else got married.

世上每个人本来就有自己的发展时区。

Absolutely everyone in this world works based on their Time Zone.

身边有些人看似走在你前面，

People around you might seem to go ahead of you,

也有人看似走在你后面。

some might seem to be behind you.

但其实每个人在自己的时区有自己的步程。

But everyone is running their own RACE, in their own TIME.

不用嫉妒或嘲笑他们。

Don't envy them or mock them.

他们都在自己的时区里，你也是！

They are in their TIME ZONE, and you are in yours!

生命就是等待正确的行动时机。

Life is about waiting for the right moment to act.

所以，放轻松。

So,RELAX.

你没有落后。

You're not LATE.

你没有领先。

You're not EARLY.

在命运为你安排的属于自己的时区里，一切都准时。

You are very much ON TIME, and in your TIME ZONE Desting set up for you.

结束语

不论我是谁

我首先是我自己

不论我爱谁

我要先爱我自己

当我是自己

当我爱自己

我的爱将绵绵不尽……

我的力量将巨大无比……

世界将因我而美丽

写在最后

常有人对我说，笑容是我的另一个形象标识。我从小确实爱笑，也有很多人说，会笑的女人更容易幸福。此时，在这本书的结尾，我确实感受到自己被幸福环绕，内心充满喜悦与感恩。

这份幸福与喜悦来自很多的美梦成真……

当我还是小丫头时，做的美梦不是成为童话里的公主，而是成为"儿童城堡"里的一名幼儿教师。

2005年，我开启了儿时梦想，创办了第一所学园，那是我梦想中的儿童城堡，每天置身其中，欢乐无限，幸福无限！

2012年，我萌生了想要写作一本书的梦想，于是开始了写写停停、停停写写的书写旅程。历经10年，在2022年底，书稿初见雏形。

在决定写书的那一刻，我没有想过书可以发行多少本，就是单纯地想：可以把自己多年的工作经验分享给更多人，一起与更多的母亲共成长，同预见，共幸福，同喜悦……没承想，书未出版，却已被很多人预定。

此时此刻，我特别想在书的最后，感谢那些无条件信任与支持我的家长和亲朋好友：朱朱、迎丽、彩凤、雪娇、曹奕、志聘、小白、美伢、海珠、辉景、艺莹、翠芸、灵玲、革红、阿珊、丹妮、菁菁、恩恩……

我想要感谢的人很多，请原谅我没有一一落名。

我始终相信，教育是科学，教育是艺术，而更重要的是，教育是爱。爱是教育的起点，也是教育的终点。

教育家蒙特梭利曾说："我们对儿童所做的一切，都会开花结果，不仅影响他一生，也决定他一生。"

"父母之爱子，则为之计深远。"父母的眼界、格局和认知，是孩子的起跑线，决定了孩子人生的高度和深度。

愿我们都能不断成长，成为更好的自己，这才是给孩子的教育中最好的滋养。让我们用爱与力量护佑孩子前行，预见未来，遇见自己，收获丰盛的人生。

我相信，这终将会是生命的荣耀。